国家自然科学基金（71563053）、国家自然科学基金项目（71203191）、
新疆维吾尔自治区重点学科农林经济管理学科资助

经济管理学术文库 • 经济类

中国棉花技术进步及其效率研究：以新疆产区为中心

Study on China's Cotton Technological Progress and their Technical Efficiency: Taking Xinjiang as the Study Center

宋玉兰　王太祥／著

经济管理出版社
ECONOMY & MANAGEMENT PUBLISHING HOUSE

图书在版编目（CIP）数据

中国棉花技术进步及其效率研究：以新疆产区为中心/宋玉兰，王太祥著．—北京：经济管理出版社，2016.12

ISBN 978－7－5096－4803－2

Ⅰ.①中…　Ⅱ.①宋…②王…　Ⅲ.①棉花—技术进步—研究—中国　Ⅳ.①F326.12

中国版本图书馆 CIP 数据核字（2016）第 307850 号

组稿编辑：曹　靖
责任编辑：杨国强　张瑞军
责任印制：司东翔
责任校对：赵天宇

出版发行：经济管理出版社
（北京市海淀区北蜂窝 8 号中雅大厦 A 座 11 层 100038）
网　　址：www.E－mp.com.cn
电　　话：（010）51915602
印　　刷：北京玺诚印务有限公司
经　　销：新华书店
开　　本：720mm×1000mm/16
印　　张：11.75
字　　数：171 千字
版　　次：2016 年 12 月第 1 版　　2016 年 12 月第 1 次印刷
书　　号：ISBN 978－7－5096－4803－2
定　　价：58.00 元

前　言

中国是棉花生产和消费大国，棉花是我国重要的战略物资。然而，由于棉花生产成本不断攀升、棉花市场价格不稳，再加上传统的以“劳动资源”为主的精耕细作生产方式，使得棉花生产比较优势不断下降，农民植棉意愿不强，导致中国棉花种植面积和棉花产量稳定性差。与此同时，我国棉花需求市场又处于回暖期，棉花进口量不断增加，大量的棉花进口对于中国棉花生产，尤其是中国纺织行业造成很大的冲击，中国棉花产业受到严重威胁，中国棉花资源进入了战略性短缺时期。根据农业增长理论，技术进步是农业生产增长的主要动力源泉。因此，在种植面积和劳动力传统生产要素难以有效增长的现实背景下，我国棉花生产增长的根本出路依旧在于不断加快棉花生产技术进步。首先，现阶段技术进步对中国棉花生产增长的贡献率到底有多大？中国棉花技术进步源泉是什么？其次，我国棉花生产要实现稳定甚至突破性增长的技术进步路径又是什么？最后，中国棉农微观技术选择方向与宏观技术进步趋向是否具有明显的差异性？如果存在明显的差异，这些差异性的主要原因是什么？这些问题的解决是适时适度推进我国棉花技术进步的基础和前提。围绕这些问题，本书基于我国棉花生产在全国国民经济发展中的战略产业地位，以技术进步视角为切入点，抓住中国棉花技术进步路径的差异性，探寻影响技术进步路径差异性的关键要素，从而为制定稳定和提高我国棉花供给能力的相关政策提供科学依据。主要研究内容如下。

我国新疆棉花生产及其技术进步的概况。本部分主要运用新中国成立后棉花与技术数据，采用描述统计分析，对我国新疆棉花生产及其技术发展的时序变化进行现状分析。研究结果表明，我国的世界棉花大国地位不仅仅来源于棉花播种面积的增长，更主要是由于技术进步提升了我国棉花单产水平。此外，由于棉花生产的自然资源条件、比较收益以及技术进步等因素变化的综合作用，使得我国棉花主产区经历了由南方向北方再向西北新疆棉区逐步变迁的过程。新疆棉区成为我国最为重要的产棉大省，对于我国棉花产业发展具有十分重要的战略意义。

中国棉花技术进步的作用及其源泉分解。本部分主要采用非参数 DEA 方法，利用 1990 ~ 2010 年的 12 个中国棉花主产区的相关棉花投入产出指标数据，测算中国 12 个棉花主产区的技术进步的作用及其构成部分的动态变化和区域空间变化特征。研究结果表明，技术进步是中国棉花生产增长的动力源泉，21 年间技术进步率的平均年增长率为 2.1%，对中国棉花增长的贡献率为 75.72%，技术进步已经成为中国棉花生产增长的主要动力源泉。但是，进入 21 世纪后，技术进步的作用力呈现出波动减弱的特征。进一步，对于中国棉花技术进步指数的分解表明，前沿技术进步是中国棉花技术进步的核心动力，技术效率是其阻碍要素，技术效率损失严重是由于纯技术效率和规模效率双重制约的结果，而且纯技术效率比规模效率的制约性更加突出。

生产要素报酬差异与中国棉花技术进步趋向。本部分从要素报酬差异角度出发，基于 C－D 生产函数和拟超越对数生产函数模型，对土地、劳动力、机械、生化物质投入等各个生产要素报酬的 21 年变化轨迹进行了总体和分区比较分析，进而判定中国棉花技术进步模式的宏观趋向。研究结果表明，由于棉花播种面积难以增加，劳动力和生化物质要素的产出弹性趋势不断下降，且目前已经为负数，而机械投入弹性系数及其贡献率趋势处于上升态势。尤其是 2006 年后，机械投入弹性系数及其贡献率已经开始超过了生化要素、劳动力和其他物质资本要素，成为土地要素后第二大最为重要的生产要素。基于此研究结果，可以判定中国棉花技术进步正朝着以机械为代表的轻简化生产技术路径迈进。

中国先进棉花生产技术采用差异的影响因素。根据农户技术选择行为理论，基于中国最大的棉花生产基地新疆棉区的微观调查农户数据，选择倾向匹配方法和二元 Logit 模型，对最具代表性的轻简化生产技术的棉花膜下滴灌技术和机械采棉技术采用的经济效应及是否采用行为的影响因素进行了计量模型估计。研究结果表明，轻简化棉花生产技术对于棉农收益具有积极的促进效应，但各种因素影响棉农采用该技术。其中，技术本身的进入门槛成本过高是关键因素，外部制度环境因素是重要因素，而农户和家庭本身特征因素影响较弱。

中国棉花生产技术效率及其影响因素。利用抽样调查所得的 806 户棉农微观截面数据，建立农户随机前沿生产函数模型，测算了棉农的棉花生产技术效率，并探寻影响棉农棉花生产技术效率差异的主要因素。研究结果表明，“兵团式”的家庭联产经营体制和农业基础设施是影响中国棉花生产技术的关键因素，棉花技术培训和经营规模对技术效率也有十分显著的正向影响。而套种经营模式对于棉花生产效率有显著的负向影响。农户个人特征因素影响相对有限。

综合以上五方面研究结果，本书得到的基本研究结论和政策含义为，技术进步是稳定和促进中国棉花生产持续增长的动力源泉，并且前沿技术进步是推动我国棉花技术进步的关键要素，而技术效率损失严重是我国棉花技术进步的制约因素。为了进一步提高我国棉花技术进步，首先，在前沿技术进步方向上，要尽快推进我国棉花生产的轻简化和机械化。其次，大力提高我国棉花生产效率，主要措施是积极进行棉花生产经营组织管理体制创新，加强棉花生产技术服务体系的组织化、高效化，加大棉花生产关联配套政策支持力度，建立棉花生产联合经营激励机制，降低棉花生产技术进入成本门槛，促进先进棉花生产技术的应用，不断推动我国棉花前沿技术进步，提高棉花技术效率，最终促进我国棉花技术进步。

目　录

第一章 导 论

第一节 研究背景与问题提出

一、研究背景

（一）技术进步是中国棉花生产持续增长的主要动力源泉

棉花是我国重要的战略物资，棉花产业是涉及国计民生的战略产业。中国年产棉花600万~800万吨，约占世界总产量的30%，中国棉花产量居全球第一；年消费量1000万吨左右，约占世界消费量的40%，中国棉花消费量居全球第一；服装出口额占世界总额的33%，纺织品出口额占26%，中国纺织品服装产量和出口额居全球第一。在整个棉花产业链当中，棉花位于产业下游，是纺织行业的基础。随着我国纺织业生产和出口的逐步回暖，尤其是全球棉织品需求偏好增强，我国纺织用棉需求将稳步回升。但是，我国棉花生产呈萎缩趋势。据国家统计局统计，2010年全国植棉面积7275万亩，全国总产量597万吨，面积产量均为2003年以来新低，产量为2006年以来新低。我国棉花资源已步入战略短缺期

（董振国，2005）。此时，不得不依赖大量的棉花进口，棉花进口已占世界棉花进口总量的30%（USDA，2010）。大量的棉花进口对于中国棉花生产尤其是中国纺织行业造成很大的冲击，中国棉花产业受到严重威胁。从某种意义上讲，棉花是否会成为继大豆后，第二大需要大量进口的农产品，关键取决于我国棉花生产增长能否满足中国纺织行业原材料需求。可见，有效保障我国棉花供给数量和质量的稳定增长，是支撑我国棉纺织行业的前提和基础。

根据农业增长理论，农业增长主要来源于生产要素积累和技术进步提高（或称全要素生产率）（Bhattacharjee，1955；Echevarria，1998）。前者受生产要素稀缺型制约，是不可持续的，将越来越缺乏效率；后者则通过技术进步和制度变革提升要素质量和要素生产率，是可持续且有效的，技术进步是推动农业持续增长的主要动力源泉。据此，在粮食安全第一位的现实背景下，植棉面积难以继续扩大，增加棉花总产必须依靠大幅度提高单产水平，而提高单产水平既要依靠增加生产要素投入，更要依靠技术进步。然而，我国棉花生产技术进步保障能力弱。棉花生产具有无限生长习性，且易发生病、虫害，棉花栽培程序又冗杂。由于我国棉花生产在品种、经营体制及栽培模式上仍没有突破，适合我国棉花生产的农业机械开发也没有实质性进展，导致我国棉花生产中的打顶、施肥、打药，直到棉花的采收环节主要依靠人工完成。可见，中国棉花技术支撑力度不足，对于当前亟待突破的生产难点问题还未取得实质性进展，与先进植棉国家的竞争优势在降低（毛树春，2002）。当前急需提高棉花技术创新能力，依靠技术进步，突破有限资源的约束，优化生产要素配置结构，提高技术进步效率，大力推进我国棉花生产增长方式从粗放型（投入驱动型）增长向集约型（效率驱动型）增长转变。

（二）中国棉花技术进步路径出现了明显的分化现象，新疆棉区具有研究典型性

技术进步模式具有适宜性，遵循客观经济规律，这种转变取决于科技进步、资源占有状况、增长的需求压力，以及经济运行体制等外部环境等诸多因素的共

同作用，是客观发展且不以人的意志为转移的（吴方卫等，2000）。对于农业而言，技术进步模式一般分为节约劳动型和节约土地型。近年来，劳动成本不断上升，粮食作物机械化程度高，而棉花费工费力，尤其是棉花价格波动频繁，棉花又属于自然灾害、病虫害风险较大的作物，与其他经济作物相比比较效益不高，导致棉农种植积极性下降。可见，如果不改变棉花生产的高投入、强劳动的种植属性，其农业生产比较收益将进一步下降，将会导致我国棉花供给缺口进一步扩大。促进中国棉农逐步采用轻简化棉花生产技术，降低其棉花生产成本是中国棉花技术进步的必然趋势。当前，由于社会经济等各种因素的约束，目前我国长江流域棉区、黄河流域棉区以及西北内陆棉区三大棉区，除了新疆棉区的新疆建设兵团（以下简称“兵团”）农场和新疆地方种棉大户外，中国绝大多数棉农技术采用类型总体上仍以良种技术、生化技术和种植机械化技术为主。可见，当下，中国棉农微观技术选择与宏观技术取向之间总体上存在很大偏差。地区棉花生产技术进步模式具有很大的差异性。因此，为了更加切合实际，有的放矢地推进中国棉花技术进步，必须明确影响中国棉花技术进步的主要制约因素。

新疆是我国最大的棉花生产基地，在我国棉花生产中具有“二分天下”的地位。同时，新疆棉区拥有地区“分散”经营体制和兵团“集中联合”经营两种经营模式。同一棉花自然生产条件下，棉花生产技术进步方式和技术水平差异比较明显。这就为本书研究我国棉花技术进步制约因素提供了良好的实证研究对象，因此，本书以新疆棉区为研究中心，利用该区域的调研数据，进一步分析我国棉花技术进步的主要制约因素。

二、问题提出

总之，作为棉花生产和消费大国，不断提高技术进步，确保棉花生产持续稳定增长，对于国民经济发展具有十分重要的战略意义。同时，目前我国棉花技术进步面临多重阻碍，如果强行推动脱离棉花生产现实条件的技术进步策略，则会适得其反。首先，现阶段技术进步对中国棉花生产增长的贡献率到底有多大？中国棉花技术进步源泉又是什么？其次，我国棉花生产要实现稳定甚至突破性增长的技术进步路径又是什么？最后，中国棉农微观技术选择方向与宏观技术进步趋向是否具有明显的差异性？如果存在明显的差异，这些差异性的主要原因又是什么？这些问题的解决是适时适度推进我国棉花技术进步的基础和前提。

然而，目前国内外学者的研究主要运用全国宏观或者省级中观数据，对中国棉花技术进步（或全要素生产率）作用及其源泉的测评，基本都肯定了技术进步在棉花生产增长中的动力源泉地位，且具有较明显的地区差异性（谭砚文，2002；朱希刚和张社梅，2007；胡少华和邱斌，2004；田伟等，2010；孙林等，2004；刘锐等，2010）。即使是关于技术进步对棉花生产增长作用和源泉分解，从研究结论看，由于研究方法、研究期限、变量选择和研究样本选择的差异，也导致对 1990 年以后中国棉花生产增长中技术进步作用和趋向的分析结论不一致，且不太吻合现实发展情况。进一步，棉农是中国棉花生产技术的应用者。只有对中国棉农的技术选择行为及其技术进步效率的影响因素进行深入研究，方能把握我国棉花技术进步路径差异性的主要原因，进而明确推进我国棉花技术进步的优先顺序及其重点。但是，目前利用棉农微观数据，对中国棉花技术进步的趋向及其差异性的深入研究还很缺乏。

在中国棉花生产供需缺口不断扩大，技术进步已经成为解决中国棉花生产持续增长的重要动力要素的现实背景下，根据当前学术研究现状，需要结合新的棉花生产数据，进一步对以下问题进行深入研究：

第一，新时期，技术进步对中国棉花生产增长的作用力如何？

第二，新时期，中国棉花技术进步的主要源泉是什么？

第三，新时期，中国棉花技术进步的趋势是什么？是否具有差异性？

第四，要促进中国棉花技术进步的着力点是什么？

第二节 研究目标与研究假说

一、研究目标

本研究基于我国棉花生产在全国国民经济发展中的战略产业地位，以技术进步视角为切入点，抓住中国棉花技术进步路径的差异性，探寻影响技术进步路径差异性的关键要素，从而为制定稳定和提高我国棉花供给能力的相关政策提供科学依据。具体目标包括三个。

一是测量技术进步与中国棉花生产增长的关系，把握中国棉花技术进步的作用力。

二是分解中国棉花技术进步的主要源泉，把握中国棉花技术进步的宏观趋向。

三是研究中国棉农技术选择和技术效率差异的影响因素，揭示阻滞中国棉花技术进步的决定性因素。

二、研究假说

基于以上研究目标，根据经济增长和技术进步理论，结合相关研究学者的研究发现和本书对于中国棉花技术进步的现实把握，本书提出以下研究假说：

假说1：技术进步是中国棉花生产增长的主要动力源泉。根据经济增长理论，生产要素投入增加和技术进步提高是经济增长的来源。由于土地、劳动力、物质资本生产要素资源投入有限性的限制，技术进步的提高是保障经济持续增长的主要动力源泉。据此，由于中国棉花播种面积、劳动力投入和中间物质费用等要素投入增加比率减少，同时边际生产效率下降，因此，以技术、政策体制等为主要内容的广义技术进步对我国棉花产出的增长的作用越来越关键（张社梅和赵芝俊，2007）。因此，假设技术进步是中国棉花生产增长的主要动力源泉。

假说2：前沿技术进步是中国棉花技术进步的核心动力源泉，技术效率损失是其主要障碍因素。技术进步主要来源于前沿技术进步和技术效率提升。从中国棉花生产增长的时序变化规律看，每一次新技术的应用都使得棉花生产增长得到较高程度发展，但各个要素产出效率并未得到很大的提高。本书假设前沿技术进步是中国棉花技术进步的核心动力源泉，而技术效率损失是制约其增长的主要因素，且在不同时期、不同棉花主产地区间存在差异性。

假说3：棉花生产轻简化和机械化是中国棉花技术进步的宏观取向。棉花生产涉及土地、劳动力、农业机械、化肥、农药、地膜等诸多生产要素，每种要素对棉花产出贡献份额是不同的。随着技术进步，土地和劳动力传统农业生产要素的贡献份额不断下降，化肥、农药、机械、经营组织管理体制等代表现代农业生产要素的贡献份额将不断提升。按照技术进步对劳动、土地等投入要素影响程度不同，把农业技术进步分为劳动节约型技术进步（也叫机械技术进步）、土地节约型技术进步（也叫生物化学技术进步）和中性型技术进步（上述两者并重）三种类型。根据当前棉花生产要素配置结构变动趋势，劳动成本不断上升，农民的技术选择行为将由劳动力密集型技术逐渐向劳动力替代型技术转移（胡瑞法，1998）。因此，本书假设中国棉花生产轻简化和机械化是棉花技术进步的主要趋向。

假说4：棉花轻简化和机械化生产技术采用的经济效应显著，在推进棉花生产轻简化技术过程中，影响棉农采用先进棉花生产技术的因素很多，各个因素影响方向和程度不一致。总体上看，对于棉农而言，越是“新技术”，技术采用的进入门槛成本的影响越显著。此后，随着技术扩散，农业技术推广中心作用、棉花技术培训、农业经营管理体制等外部制度环境因素的作用成为主要因素，而农户家庭因素的影响相对有限。

假说5：棉花联合经营管理体制、现代基础设施条件、棉花技术培训和棉花经营规模是影响我国棉农技术效率的主要因素，而棉农其他自身特征因素影响力比较弱。当前，我国棉花生产主体间的差异其实不是很明显，年龄、性别等人口统计学因素的影响也不是很明显。特别是像经济比较发达地区，非农就业机会很多，受教育程度和非农就业比重越高的棉农越愿意从事非农产业，对于棉花生产技术效率的影响呈现负向关系。因此，总体上看，当前制约我国棉花技术效率的主要因素：棉花外部经营体制，如像新疆建设兵团式的规模化和统一化经营管理体制；棉花技术培训、农技推广中心作用以及棉花经营规模大小。

第三节 研究逻辑框架、技术路线与研究内容

一、研究逻辑框架

根据技术进步与经济增长理论，技术进步是经济增长的主要动力源泉，并且技术进步主要来源于前沿技术进步和技术效率两个要素。本书基于农业经济增长理论和技术进步理论，在确定技术进步是中国棉花生产增长的动力源泉的基础上，进一步分解中国棉花技术进步的源泉和识别技术进步趋向。然后，为了促进技术进步，从棉农技术采用行为和生产技术效率两个角度，识别影响中国棉花技术进步的障碍因素。最后，在理论分析与实证研究的基础上，提出中国棉花技术进步提高的路径选择。具体的逻辑研究框架如图 1 – 1 所示。

二、技术路线

根据研究目标和逻辑研究框架，本研究的技术路线如图 1 – 2 所示。

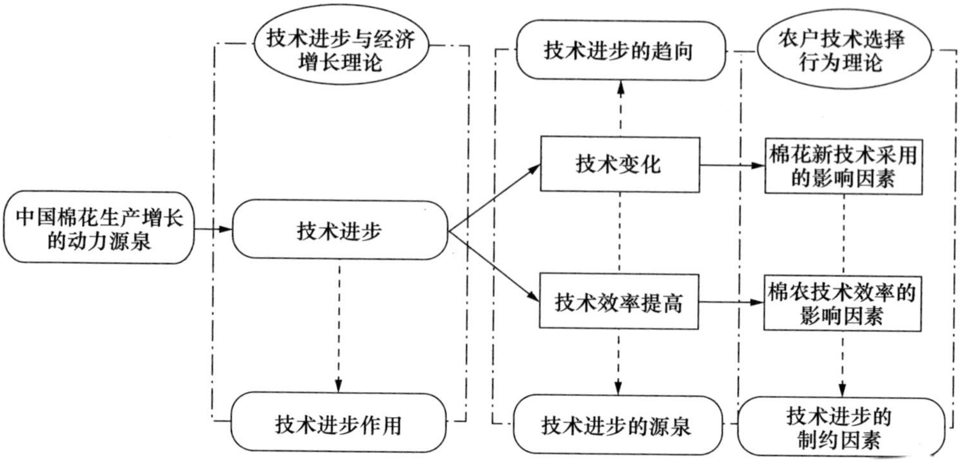

图1－1　逻辑研究框架

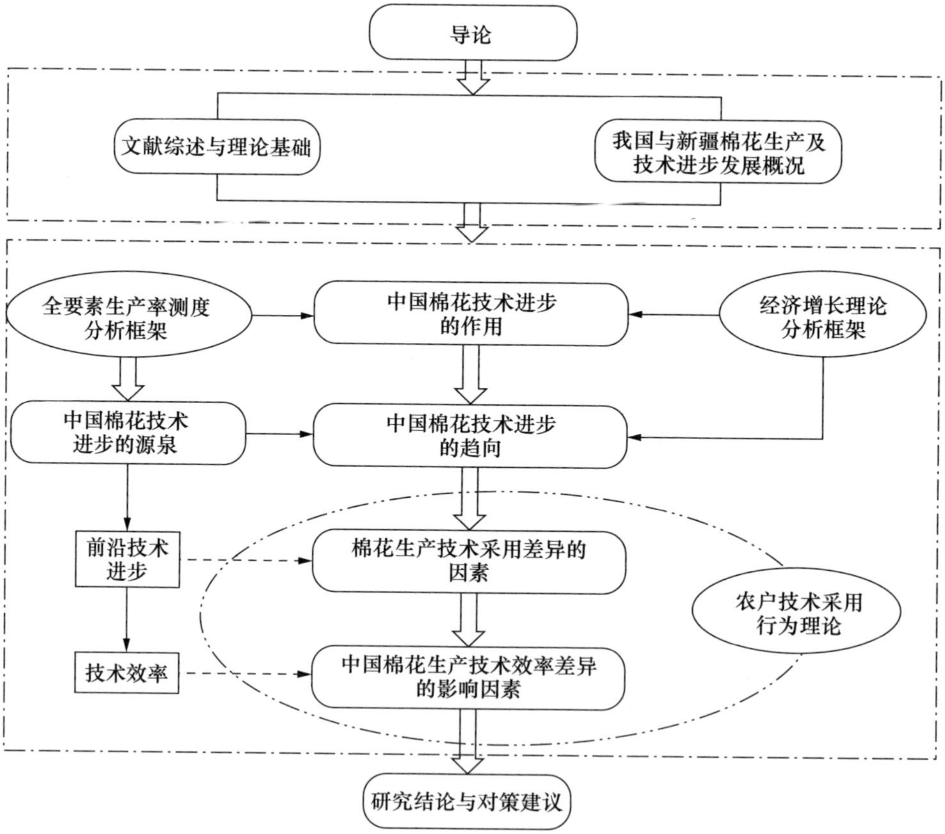

图1－2　研究的技术路线

三、研究内容

根据以上研究技术路线图，本书共分为八章。

第一章为导论，概述了本书的选题依据、研究目标及其研究假说、研究方法和研究技术路线、内容结构以及创新和不足之处。

第二章为理论基础与文献综述，简要回顾了农业经济增长理论、技术进步理论以及农户行为理论；评述了目前我国关于技术进步尤其是棉花技术进步路径及其决定因素的国内外研究动态，指出现有研究的不足之处。

第三章为我国新疆棉花生产及其技术进步的概况。主要采用描述统计分析的方法，对改革开放以来我国棉花生产和技术进步作用的时序变化情况进行梳理。尤其是对新疆棉花产区在全国棉花生产中的地位及其典型性进行重点分析，从而为全书实证研究奠定理论分析和计量分析的研究基础。

第四章为中国棉花技术进步的作用及其源泉分解。主要采用非参数 DEA 方法，利用 1990～2010 年的 12 个中国棉花主产省份（或地区）的相关棉花投入产出指标数据，测算中国及其 12 个棉花主产区的棉花全要素生产率、构成部分的动态变化和区域空间变化特征。

第五章为生产要素报酬差异与中国棉花技术进步趋向。从要素报酬差异角度出发，基于 C－D 生产函数和拟超越对数生产函数模型，对土地、劳动力、机械、生化物质投入等各个生产要素报酬的 21 年变化轨迹进行总体和分区比较分析，进而判定中国棉花技术进步模式的宏观趋向。

第六章为我国先进棉花生产技术采用差异的影响因素。根据农户技术选择行为理论，基于中国最大的棉花生产基地新疆棉区的 869 份微观调查农户数据，选择倾向匹配方法和二元 Logit 模型，对最具代表性的先进棉花生产技术的棉花膜下滴灌技术和机械采棉技术采用的经济效应及是否采用行为的影响因素进行了计量模型估计。

第七章为中国棉花生产技术效率及其影响因素。利用抽样调查所得的 806 户棉农微观截面数据，建立农户随机前沿生产函数模型，测算棉农的棉花生产技术效率，并探寻影响棉农棉花生产技术效率差异的主要因素。

第八章为研究结论与政策建议。根据第三章到第六章的实证研究发现，总结了本书的主要研究结论，并基于研究结论，提出改进中国棉花技术进步的路径与政策建议。

第四节　研究方法与数据来源

一、研究方法

本书以理论分析为基础，采取以计量分析与统计分析为主体的实证研究方法。

第一，统计分析方法。利用统计数据，对我国棉花生产增长的基本情况进行时序统计分析；构造变异系数，考察棉花主产区间棉花生产投入要素配置结构的变化趋势；利用农户调查数据，对棉农技术选择行为及其技术进步效率的主要影响因素进行描述统计分析。

第二，对比分析方法。为了考察我国棉花技术进步路径的差异性，对我国三大棉花主产区的技术进步源泉及其路径进行了对比分析；为了把握技术进步的主要影响因素，对先进棉花生产技术采用棉农与非采用棉农的收益和资源禀赋特征各因素进行了比较分析。

第三，计量模型分析方法。本书基于相应的经济理论基础，建立经济计量模型对主要研究问题进行实证研究。比如，采用非参数 DEA 模型，对棉花技术进步的作用和源泉进行测量；采用 C－D 和拟超越对数生产函数模型，对技术进步的作用和趋向进行判定；采用倾向匹配方法（PSM）模型和二元 Logit 模型，对棉农技术选择行为进行了实证研究；采用随机前沿超越对数生产函数模型，对棉农技术进步效率进行了实证研究。

二、数据来源

根据研究需要，本书实证研究的数据主要从以下两个渠道获取：

第一，利用官方统计资料数据。由于1990年前，中国棉花技术进步的作用及其趋向的研究结论比较一致，因此，本书更关注1990年之后中国棉花生产增长及其技术进步的变化。本书主要选取中国12个棉花主产地区，分别为安徽、江苏、江西、浙江、湖北、湖南、河北、河南、山东、陕西、新疆地方和新疆建设兵团①的1990～2010年的21年棉花生产投入产出的面板数据。相关分析数据主要来源于《中国统计年鉴》（1991～2010）、《建国五十年全国农产品成本收益资料汇编》、《全国农产品成本收益资料汇编》（1998～2010）、《中国棉花景气报告》（2004～2011）以及《新疆农牧产品成本收益资料汇编》（1991～2010）。

第二，进行农户调查。主要通过实地调研途径获取本书中针对棉农技术选择行为和技术进步效率影响因素实证研究中的各个变量数据。由于研究时间的限制，本书微观棉农数据主要来自对新疆的较大范围的典型抽样调查。一方面，新疆棉花生产自1994年后，连续19年实现了棉花总产、单产全国第一的成绩；另一方面，新疆棉花生产拥有地方分散经营与建设兵团联产经营两种经营组织管理体制，棉农生产技术采用及其技术效率的差异性非常明显。鉴于新疆棉区在中国棉花生产中的重要地位以及棉花生产技术的典型代表性，课题组2012年7～8月对新疆棉区的9个县（团场）的棉农的棉花生产情况进行了抽样调查。

具体调研地点包括新疆和田地区的泽普县和和田县、喀什地区的麦盖提县和岳普湖县、阿克苏地区的阿瓦提县、昌吉州的玛纳斯县和沙湾县，以及新疆建设

① 以往棉花增长因素分析相关研究成果并未将新疆建设兵团与新疆地方分开，实际上新疆建设兵团棉花生产实行统一经营组织管理模式，棉花经营规模、棉花生产技术水平，尤其棉花机械化水平都与新疆地方棉花生产有较明显的差异性。而且新疆建设兵团棉花生产的地位也在大幅提升，因此，十分有必要将新疆建设兵团与新疆地方分开。

兵团农八师149团和农六师芳草湖农场，共9个县（或团场）。其中，每个县（或团场）选择2个乡镇（或连），并在每个乡镇（或连）选择3个行政村（或生产队），每村（或生产队）选择15～20个棉农家庭进行面对面的抽样问卷调查。最后获取了869份有效问卷。

第五节　研究创新与不足

一、研究创新

本书试图通过生产要素并结合棉农技术选择行为，研究我国棉花技术进步的推动因素和制约因素。着重从以下几方面进行创新性探索：

（1）现有关于棉花生产增长问题的研究，主要从棉花价格、棉花生产成本、棉花竞争力等出发，而从技术进步视角进行我国棉花增长问题研究的系统研究较少。本研究不仅重视技术进步在中国棉花生产增长中的作用，而且对中国棉花技术进步的宏观趋向及其在推进过程中的促进因素和制约因素均进行了实证研究。从理论上讲，本研究的研究视角具有一定的新颖性，研究成果会丰富我国棉花经济领域的研究。

（2）为了探寻中国棉花技术进步提高的路径，本研究抓住新疆地方与新疆兵团两种经营体制下的棉花技术进步水平的明显差异性。无论是在面板数据还是在微观棉农数据分析中，都特意将新疆建设兵团从新疆棉区中独立出来，使得区域比较、棉花技术进步率测算、技术进步方向判定以及技术进步影响因素分析的结果更加客观和更具现实意义。因此，从研究数据和研究样本选取上，本研究更加全面、合理，以保证研究结果的客观性。

（3）研究我国棉花技术进步的制约因素，切实考虑棉花生产的特性和技术进步模式转变的现实需求。首先，在棉花技术类型的选择上，选取了棉花膜下滴灌技术（代表棉花生产轻简化技术）和机械采棉技术（代表最需突破的棉花机械化技术）两个当前最具代表性的技术。其次，在实证研究的理论模型和变量选择上，除了农户及家庭自身资源禀赋因素外，更加突出技术进入成本门槛和经营管理体制、农业技术推广中心、农民培训等外部制度环境变量的作用。最后，突出棉农微观层面样本特性的差异性，深入新疆兼顾样本棉农类型，进行了较大范围的调研，获取了896个样本，夯实了整个研究的微观基础。

二、研究不足

由于受到研究能力、数据资料、研究时间的限制，本书也存在一些明显的不足，主要体现在以下几方面：

（1）在棉农调查数据中，本书尽可能兼顾到农户人口特征、经营规模、经营外部制度环境等因素的差异性，以确保农户调查的典型性。但毕竟农户调查局限于一个地区，调查地区的限制，使得调查中的种棉大户调查数据缺少，同时无法体现黄河流域棉区和长江流域棉区棉农的特性，使得本书中关于棉农技术选择和技术效率评价研究结论的全国适应性受限。

（2）某些变量度量需要进一步改进。主要是关于农户技术选择行为中技术本身特征变量、外部制度环境变量采用的是农户感知虚拟变量，这些变量如果能获取到现实数据，需要连续几年的跟踪调查。另外，未涉及目前对棉花技术进步更具影响力的农业合作社、棉纺企业合作、农业科研院校合作等现代经营组织的作用的度量。

（3）关于棉花技术进步模型的判断，只是考虑到将机械技术和化肥农药等生化技术从“索洛余值”中分解出来，但对于良种技术、栽培技术、育种技术对棉花产出增长的贡献并未涉及。这样，面对我国多样化的棉花主产区域差异化现实，全国总体棉花技术进步模式的指导性显得有些偏弱。

（4）研究内容的进一步拓展。由于难以获取较长时期的三大棉花主产区的棉花微观生产主体的微观数据，本书无法对我国三大棉花主产区的技术进步中技术选择与技术效率差异性的原因进行深入研究。如果能够获取到基于各个地区的多年的农户样本的面板数据，则可以使得研究的结论更有说服力。对于棉花新技术采用的经济效应估计方面，没有考虑对非农就业收入的影响。

第二章　理论基础与文献综述

技术进步是中国棉花生产增长的重要源泉。为了能够对中国棉花技术进步及其影响因素进行科学合理的测度和深入研究，首先必须对相关理论进行梳理和总结。本章首先对本书中比较容易混淆的核心概念进行了界定。在此基础上，根据研究需要，重点对经济增长理论、技术进步测度理论和农户技术选择行为理论进行研究，构建了本书实证研究内容的理论分析框架。最后，对本书相关研究内容的国内外相关研究成果进行综述。

第一节　核心概念界定

一、技术进步

现代经济增长理论认为，技术进步主要指由于生产要素质量的提高或者组合方式的改善，或者由于某种新的生产要素应用后，使得同样的生产要素投入生产出更多的产品，或者用更少的要素投入生产出同样的产品。可以借助图形描述技术进步的内涵。

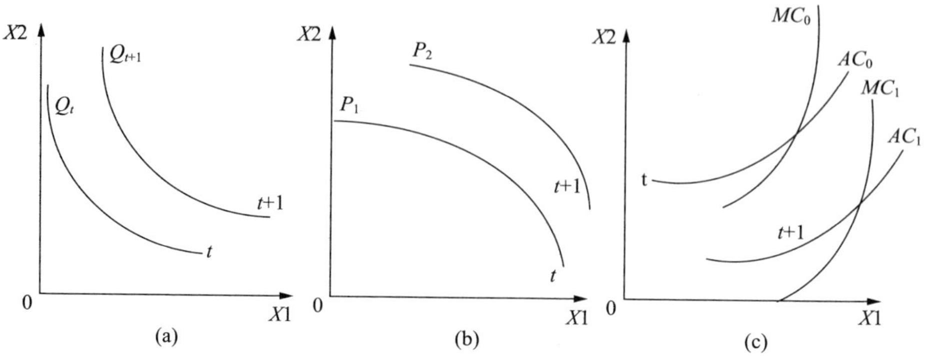

图 2－1　技术进步的曲线移动

图 2－1（a）中可以看到，由于技术进步的作用，使得等产量曲线（Q_t）在第 $t+1$ 期向内移动，即由于技术进步的作用，在第 $t+1$ 期中生产等产量 Q_{t+1} 要比第 t 期用较少的要素投入量。从图 2－1（b）中可以看到，技术进步使得整条生产可能性曲线由 P_1 移动到了 P_2，向外移动。此时，在第 $t+1$ 期用同样多的要素投入组合可以生产出比第 t 期更多的产品。从图 2－1（c）中可以看到，假设第 t 期的边际成本曲线为 MC_0，平均成本曲线是 AC_0，由于技术进步使得第 $t+1$ 期的边际成本曲线和平均成本曲线都垂直向下移动到 MC_1、AC_1。那么，当生产达到均衡后，均衡产出量增加了。

可见，技术进步是通过作用于生产要素而使得生产要素的生产力提高体现的。对于农业技术进步而言，就是通过对原有农用技术或技术体系的改造、革新或研究开发出新的技术或技术体系代替旧技术或技术体系，使其土地产出效率或者劳动产出效率提高。

二、技术进步类型

根据对技术进步研究范畴界定的不同，可以从多角度对技术进步类型进行划分。

（一）广义技术进步和狭义技术进步

根据技术进步中“技术”外延的内涵，技术进步有狭义和广义之分。

（1）狭义技术进步指的是物化形态的技术应用于生产中，使得生产要素生产率提高，进而促进经济增长。这种技术进步本质上是一种依附性的技术进步，体现的是科学技术的应用，又称为“硬技术”。从理论上讲，就是随着新技术应用后，生产函数曲线向右移动。这是因为通过新技术的应用提高生产要素的边际产出，从而降低边际成本。在农业技术进步中，硬技术类型主要包括新栽培技术、新育种技术、新农机具、新物化要素技术（包括新化肥、农药等）等。

（2）广义技术进步概念是随着新古典经济增长理论中“索洛余值”或者“全要素生产率的增长率”概念的提出而产生的。索洛（Solow，1957）指出，“索洛余值”或者“全要素生产率的增长率”是技术进步的结果，这种技术进步是生产增长中除了资金、劳动等传统生产要素投入量增加以外的，其余所有能够导致生产增长的技术以及制度等方法和手段。可见，这一技术进步是包含了“硬技术”和“软技术”含义的广义技术进步。它不仅包括狭义技术进步所指的物化形态的实体化的“硬技术”，而且还包括政策、经营管理技术水平、服务技术水平、经营规模和智力投资等非实体化的“软技术”。这些“软技术”能够改进旧技术的使用技巧，提高技术效率和投入要素质量，提高资源配置效率和规模效率。

在经济增长过程中，实际上“硬技术”和“软技术”是密不可分、相互交织在一起的，且“软技术”能够改善各种“物化技术”之间的比例和联系，提高“硬技术”的使用效率。可见，包含了“硬技术”进步和“软技术”进步的广义技术进步才是经济增长理论中所要研究的技术进步内涵。本书关于中国棉花技术进步的作用测度、分解都是广义技术进步的概念。正因为是广义技术进步的概念，所以对于中国棉花技术进步改进影响因素的分析从先进棉花生产技术采用和棉花生产技术效率两个角度展开。前者侧重于狭义技术进步，而后者则侧重于软技术进步，并且把“软技术进步水平”作为决定“硬技术进步水平”的重要因素。

（二）中性技术进步和偏性技术进步

按照技术进步对生产要素组合比例的影响程度，可以将其划分为中性技术进步和偏性技术进步两种类型。

（1）中性技术进步（Hicks 中性技术进步），是指随着技术进步，生产要素间的边际替代率却不改变，即在技术进步过程中生产要素的投入比例不改变。那么，中性技术进步并未使得某种生产要素的使用效率提高，但却能够使得生产产出增加或生产成本降低（吴敬学，2007）。对于工业而言，主要生产要素包括资本和劳动力，中性技术进步是使得资本和劳动力两种生产要素同比例节约，技术进步既非资本节约型又非劳动节约型的结果；对于农业而言，主要生产要素包括土地和劳动力，那么在中性技术进步过程中土地与劳动力的比例不变，技术进步既非资本节约型又非劳动节约型的结果。

（2）偏性技术进步（Hicks 偏性技术进步），是指在技术进步过程中导致某种生产要素的使用效率提高，引致生产要素间边际替代率的改变，进而导致生产产出增加或投入成本降低。对于工业而言，偏性技术进步主要包括劳动节约型和资本节约型。

对于农业而言，由于土地是十分重要的要素投入，一般将偏性技术进步模型分为劳动节约型、土地节约型和资本节约型三种类型。但由于农业中固定资本相对于工业而言显得偏弱，一般用流动物质费衡量资本的重要性。而且由于物质费用资本又是通过作用于土地和劳动力两种要素而发挥作用的，因此，农业技术进步模式一般分为节约劳动型和节约土地型两种基本类型。

一个国家或者地区的农业（或一种农作物）技术进步模式主要是因为土地和劳动力要素的相对稀缺度（主要体现为要素价格）而引致的。当土地要素资源丰富而劳动力要素资源相对稀缺时，农业技术进步路径主要选择轻简化和机械化技术进步模式，以节约农业劳动力数量的投入。当土地要素资源相对较为稀缺时，为了增加农业产出或减少农业生产成本，农业技术进步路径主要选择生物化学型技术进步模式，以节约土地要素资源。当土地要素资源和劳动力要素资源都较稀缺时，将会选择两种并重的技术进步模式。

可见，该种技术进步分类与通常所指的技术进步方向、技术进步路径或者技术进步模式概念相同。本书中关于中国棉花技术进步趋向的研究，是基于各个生产要素报酬差异的研究，而对其技术进步方向做出判断，这种技术进步方向就是偏性技术进步的概念。

在此，需要特别指出的是，本书为何界定节约劳动型技术进步模式为轻简化、机械化技术进步模式。一般而言，与劳动节约型技术相对应的是机械化生产技术。但是，由于在现实农业生产过程中，尤其是像诸如棉花和林果等具有劳动密集型大田农作物特征的作物，其种植生产和管理及采收过程中劳动投入都很大。那么，劳动节约型技术，除了实现育种、耕种和采收环节的机械化外，更急需实现棉花移栽、打顶、灌溉和施药等生产管理环节的轻简化。与此相应，棉花节水灌溉技术、棉花轻简化栽培技术、棉花种植遥感技术和统防统治技术等现代棉花生产技术手段都在逐步实施，因此，轻简化和机械化生产技术更符合棉花节约劳动型技术的含义。

三、技术进步率与全要素生产率

技术进步被系统论证为经济增长中最为重要的源泉，是 1957 年索洛提出的“索洛余值”概念。索洛（Solow，1957）、乔根生等（Jorgenson & Gri1lches，1967）认为，产出增长扣除要素投入总和的增长后的“索洛余值”实质上是技术进步的结果。那么，测度技术进步的作用，是以测度“索洛余值”为核心的。实际上，有了广义技术进步的概念后，有了“索洛余值”的经济增长因素分析框架后，对于技术进步测度就有了理论依据。为了能够测度“索洛余值”，相对于单要素生产率增长率，Solow（1957）等经济学家提出了全要素生产率（Total Factor Producitivity，TFP）增长率的概念。可见，全要素生产率是相对于单要素生产率概念提出的，但对于其界定，经济学家并不是很直接，更多关注于全要素生产率的增长率的概念。

借鉴《新帕尔格雷夫经济学大辞典》中的解释：“全要素生产率测度是基于某种设定的生产函数模型，把各种投入要素综合在一起，进而找到测度全要素生产率、增长率以及各要素投入贡献如何加权的依据”。（Kendriek，1961；Jorgenson，1979）可见，相对于单要素生产率，全要素生产率是指影响所有要素投入的综合产出效率的因素，实质上是技术进步率的概念（张培刚，1994）。进而，可以将全要素生产率的增长率与技术进步率的增长率等同。

根据“索洛余值”的概念，全要素生产率的增长率（TFP）或技术进步率的增长率是指除了劳动力和资本两大物质要素外，其他所有能够带来产出增长的综合要素的增长率。

第二节 理论分析框架

一、技术进步与经济增长理论

自亚当·斯密（1991）以来，对于经济增长的动因、动力机制和影响因素一直是经济学研究的重点问题。现代经济增长理论大致经历了古典经济增长理论、新古典经济增长理论、内生经济增长理论和新制度经济增长理论四个发展阶段。其中，哈罗德（R. F. Harrod，1939）和多马（E. D. Domar，1946）建立的古典经济增长理论基于劳动力与资本不能互相替代的假设，认为资本和劳动力是经济增长的源泉，推出劳动力分工和技术进步产生的农业生产率增长无法消除因资源供给缺乏弹性而导致农业增长缩减的约束。显然，这一研究结论不符合农业经济增长的实际规律。随后，20 世纪 50 年代中期，美国经济学家索洛（R. Solow，1956）和英国经济学家斯旺（T. Swan，1956）对古典经济增长理论模型进行了修正和发展，将技术进步因素引入生产函数，建立了新古典增长理论模型。新古典经济增长理论认为，外生技术进步是经济增长的决定因素①。

① 从技术进步产生的原因来看，技术进步可以分为“外生”和“内生”技术进步两类。如果技术进步由经济系统之外的因素所决定，这种技术进步就被称为外生技术进步；如果技术进步是受到经济增长内在需求的驱动，这种技术进步就为内生技术进步。实际上，技术进步内生假定更符合经济运行实际，但是，经济增长理论将技术进步假定为“外生”，其目的是为了研究分析简单方便。

虽然，后来发展的内生增长理论和新制度经济增长理论将技术进步内生化对技术进步的实现机制做了进一步的理论分析，尤其是新制度经济增长理论认为，制度安排是经济增长的第四大要素，但是，由于本书研究的技术进步是涵盖制度因素在内的广义技术进步，因此，对于中国棉花生产增长因素的分析主要基于新古典经济增长理论基础之上。

新古典经济增长理论假定市场是完全竞争的，劳动力和资本可以相互替代，且生产函数是规模报酬不变的。其理论模型为：

$$Y = AF(K, L) \tag{2-1}$$

式（2-1）中，A 代表技术进步水平，被称为全要素生产率；L 代表劳动力投入量，K 代表资本投入量。可见，新古典经济增长理论认为，经济增长主要源于资本、劳动力投入的增加和技术进步的推动。为了进一步分析经济增长的源泉，可以将经济产出增长率表示为式（2-2）：

$$\Delta Y/Y = \Delta A/A + \alpha \times \Delta L/L + (1-\alpha) \times \Delta K/K \tag{2-2}$$

式（2-2）也被称为经济增长的核算公式。

其中，$\Delta Y/Y$、$\Delta A/A$、$\Delta L/L$、$\Delta K/K$ 分别表示产出增长率、技术进步增长率（或称为全要素生产率的增长率）、劳动力投入增长率和资本投入增长率。α 和 $(1-\alpha)$ 分别代表劳动力（L）和资本（K）在生产中的贡献份额。$\Delta A/A$ 可以作为余项被测算出来，也就是通常所指的“索洛余值”，它实际上是一个“黑匣子”，是“总产出增长率与劳动”和“资本要素增长率加权之和”之差。可见，“索洛余值”的技术进步是广义技术进步，是当生产要素投入不变时，由工艺技术革新、新技术扩散、劳动者素质与技能提高、组织管理制度改善等所有要素引起的产出增长。

本书主要依据新古典经济增长理论中的索洛增长核算公式，并结合农业经济增长特性以及中国棉花技术进步趋向的特性，对其生产函数模型中的投入要素变量进行扩展，进而对中国棉花增长中的技术进步角色、源泉及其趋向进行实证研究。设定生产函数的一般形式为：

$$Y = F(X_1, X_2, \cdots, X_i, t) \tag{2-3}$$

式中，Y 表示产出指标，X_i 表示生产过程中主要投入要素变量指标，t 表示时间，隐含技术进步。为了考察技术投入要素变化与产出变化的技术关系，将式（2－3）对 t 求全微分：

$$\frac{\partial Y}{Y} = \frac{\partial Y}{X_1} \cdot \frac{dX_1}{dt} + \frac{\partial Y}{X_2} \cdot \frac{\partial X_2}{dt} + \cdots + \frac{\partial Y}{X_i} \cdot \frac{dX_i}{dt} + \frac{\partial Y}{t} \tag{2-4}$$

将式（2－4）两边同除 Y_2 可得：

$$\frac{dY}{dt} \cdot \frac{1}{Y} = \frac{\partial Y}{X_1} \cdot \frac{X_1}{Y} \cdot \frac{1}{X_1} \cdot \frac{dX_1}{dt} + \frac{\partial Y}{X_2} \cdot \frac{X_2}{Y} \cdot \frac{1}{X_2} \cdot \frac{dX_2}{dt} + \cdots + \frac{\partial Y}{X_i} \cdot \frac{X_i}{Y} \cdot \frac{1}{X_i} \cdot \frac{dX_i}{dt} + \frac{\partial Y}{t} \cdot \frac{1}{Y} \tag{2-5}$$

式中，$\frac{\partial Y}{X_i} \cdot \frac{X_i}{Y}$为第 i 个投入要素的产出弹性；$\frac{dX_i}{dt} \cdot \frac{1}{X_i}$为第 i 个投入要素随时间的增长速度，$\frac{\partial Y}{t} \cdot \frac{1}{Y}$是产出随时间的增长速度。如果将 β_i 设置为第 i 个投入要素的产出弹性系数，$\alpha = \frac{\partial Y}{t} \cdot \frac{1}{Y}$，则根据“索洛余值”的经济增长核算公式（2－2）的内涵，可以将式（2－5）表示为：

$$\Delta Y/Y = \alpha + \sum_{i=1}^{n} \beta_i \frac{\Delta X_i}{X_i} \tag{2-6}$$

进一步，可推出：

$$\alpha = \frac{\Delta Y}{Y} - \beta_i \cdot \frac{\Delta X_i}{X_i} \tag{2-7}$$

基于此，根据式（2－7），只要能够估计出每个投入要素（X_i）的弹性系数（β_i），则可以测度各个投入要素增长率$\left(\beta_i \cdot \frac{\Delta X_i}{X_i}\right)$，进而得出技术进步率（$\alpha$），这就是所谓的“索洛余值”，因为它等于产出增长率与各个投入要素增长率加权和之差。相对于单要素生产率的增长率概念，将“索洛余值”称为“全要素生成率”（Total Factor Productivity，TFP）的增长率。

“索洛余值”变化是由技术进步带来的，它是测量广义技术进步的重要指标。根据该理论分析框架，一方面，可以利用“索洛余值法”，测度出技术进步对经济增长的作用；另一方面，由于技术进步依附于各个实体生产要素而发挥作用，我们可以将代表生物化学性技术和轻简化生产技术的主要实体要素变量纳入该生产函数中，继而判定中国棉花生产技术进步模式（朱希刚，1984）。

二、技术进步源泉分解的理论基础

自索洛（Solow，1957）增长核算框架的“索洛余值”或“全要素生产率”的概念提出后，大量的经济学家从理论和实证等不同层面不断完善和发展技术进步作用及其源泉度量的研究。

传统的要素生产率“索洛余值法”隐含着新古典生产函数的假定，“索洛余值”变化是由技术进步带来的，然而这种技术进步是在技术充分有效率的严格假定下的技术进步。但绝大多数生产单位由于受组织管理、制度体制及非确定因素等多种因素的影响，导致其生产不能达到潜在的最佳前沿产出水平，而是在生产可能性前沿的内部进行的，即生产单元的实际投入产出组合距离生产可能性前沿还有一段距离，Fare 等（1994）称这段距离为决策单元的技术非效率。因而，技术进步率（或全要素生产率）的增长不仅取决于前沿技术进步提高而导致生产可能性前沿自身的移动，还取决于技术效率改进而导致与生产可能性前沿距离的改变，即前沿技术进步与技术效率变化对生产单位全要素生产率而言都是十分重要的。

根据 Kumbhakar（2000）、Vania（2003）和 Renuka（2003）的研究，随机前沿生产函数模型一般形式可以表示为：

$$Y_{it}=f(X_{it},\ t)\exp(v_{it}-u_{it}) \tag{2-8}$$

式中，Y_{it}表示生产单位 i 在第 t 期的实际产出；X_{it}是各种生产要素投入向量；t 表示前沿技术进步趋势；f（·）为前沿生产函数，其代表了现有技术条件下的最佳产出；u_{it}是非负随机变量，反映生产的无效程度，其用来衡量实际产出 Y_{it}与最佳产出f（·）之间的差距；ν_{it}是由于统计误差和不可控制的因素等造成的误差。

根据前沿技术进步（TC）① 的定义，生产可能性前沿的移动，是投入要素不变条件下产出随时间变化的速率。

$$TC_{it} = \frac{\partial \ln f(X_{it},\ t)}{\partial t} \tag{2-9}$$

技术效率（TE）的定义为，无论是基于投入导向还是产出导向，在既定技术水平下，生产单元实际产出与生产可能性前沿距离之间的比率（Michael Farrel，1957；Leibenstein，1966）。即：

$$TE = \frac{f(X_{it},\ t)\exp(-\mu_{it})}{f(X_{it},\ t)} = \exp(-\mu_{it}) \tag{2-10}$$

进一步，将技术效率变化（TEC）界定为：

$$TEC_{it} = \frac{\partial \ln TE_{it}}{\partial t} = \frac{TE_{it} - TE_{it-1}}{TE_{it-1}} \tag{2-11}$$

可见，在控制了要素投入后，全要素生产率（或技术进步率）的变化率可以表示为前沿技术进步变化与技术效率变化之和：

$$\frac{\partial \ln Y_{it}}{\partial t} = TC_{it} + TEC_{it} \tag{2-12}$$

接着，当要素投入结构发生变化时，令 s_i 是投入要素 X_i 在要素总成本中的份额，且有 $\sum s_i = 1$，$\dot{X}_i$ 为投入要素 X_i 的增长率。那么，按照上面介绍的“索洛余值”的经济增长核算公式，全要素生产率或者技术进步率的增长率（TFP）为：

$$T\dot{F}P = \dot{Y} - \sum s_i \dot{X}_i \tag{2-13}$$

将式（2-8）两边取自然对数，并对 t 求偏导，可得：

$$\frac{\partial \ln Y_{it}}{\partial t} = \frac{\partial \ln Y_{it}}{\partial t} + \sum \frac{\partial \ln Y_{it}}{\partial X_{it}} \cdot \frac{\partial X_{it}}{\partial t_{it}} - \frac{d\mu_{it}}{t} \tag{2-14}$$

① 目前国内众多学者都将技术变化翻译为技术进步，但是在本书中严格按照英语直译为技术变化，其主要原因是按照全要素生产率增长率的分解内涵，此处指的“技术变化”的概念，是狭义技术进步的概念，而非本书中所指的广义技术进步概念。

令 Y 的变化率为$\dot{Y}=\frac{\partial \ln Y_{it}}{\partial t}$。要素 X_i 的产出弹性为 $\varepsilon_i=\frac{\partial \ln f\ (X_i,\ t)}{\partial \ln X_i}$，要素 X_i 的变化率为$\dot{X}_i=\frac{\partial \ln X_i}{\partial t}$，技术效率变化率为$TEC=\frac{-\mathrm{d}\mu}{\mathrm{d}t}$，那么式（2-13）可以写成：

$$\begin{aligned} \dot{TFP} &= \dot{Y}-\dot{X}_i=\dot{Y}-\sum_i s_i\dot{X}_i=TC+TEC+\sum_i(\varepsilon_i-s_i)\dot{X}_i \\ &= TC+TEC+(RTS-1)\sum_i\lambda_i X_i+\sum_i(\lambda_i-s_i)X_i \end{aligned} \tag{2-15}$$

式中，RTS 为规模报酬，且有 $RTS=\sum_i\varepsilon_i$；$\lambda_i=\varepsilon_i/RTS$ 表示要素 X_i 相对于总体规模报酬的产出弹性；$(RTS-1)\sum_i\lambda_i X_i$ 即为规模效率的变化 SEC，是指在其他条件不变的情况下，产出增长比例要高于要素投入规模综合增长比例。$\sum_i(\lambda_i-s_i)X_i$ 即为纯技术效率的变化 PEC，表示要素配置效率变化对 TFP 的贡献。

对于技术进步作用及其源泉的分解，主要包括随机前沿生产函数和数据包络分析（DEA）两种方法。两种方法依据的测度原理不同，随机前沿生产函数法主要基于一定的生产函数模型和技术非效率项的分布形式设定，估计各个投入要素的弹性系数，进而间接测度出前沿技术进步、技术效率的变化。显然，数据包络分析方法是基于数学规划原理，依靠同类型决策单位的实际观测的投入与产出数据，判断决策单元的相对效率。非参数的数据包络分析方法的优越性在于，避免了函数形式和非效率项分布存在误差而产生计量回归偏误问题，以及避开价格体系不合理等非技术因素作用的不利影响。尤其是 DEA 分析方法，可客观、便捷地估计出技术进步的贡献，并进一步对技术进步源泉进行分解。其主要缺点在于前沿面是固定的，没有考虑随机误差项的影响。

鉴于 DEA 分析方法的优势，本书对中国棉花技术进步作用及其源泉分解的实证研究，采用的是非参数 DEA 分析方法。鉴于随机前沿生产函数模型对于技术效率估计及其影响因素分析的优势，本书采用随机前沿生产函数模型对中国棉花生产技术效率及其影响因素进行实证研究。

三、诱致技术选择理论

首先，农户技术选择行为符合舒尔茨、波普金等经济学家的“经济理性人”，其行为是在权衡了技术选择的成本与收益后而做出的理性决策。Hicks 最早提出了诱导技术选择的概念，诱导技术选择理论认为，一个国家、地区或者农户的农业生产增长总是会受到其农业生产资源禀赋条件的限制，但农业技术进步可以使得其突破土地、劳动力等初始资源的约束。根据该概念，基于两种假说，诱导性技术变迁理论形成了两个分支。

其一是市场需求诱导假说。在市场经济中，新技术的相对有利性或者可获得性，是农户新技术采用需求的函数（Griliches，1957；Schmookler，1966）。Schultz（1964）认为，农户是技术的采用和使用主体，新的先进技术被农民使用是技术进步的前提条件。作为技术需求者的农民，对新技术的采用程度主要取决于新技术本身所具有的“相对有利性”。先进农业生产技术的扩散是促使传统农业向现代农业转变的必备条件。

其二是要素稀缺诱导假说。该假说认为：一种要素相对价格的提高，会诱导能节约该要素的技术类型的创新。如果没有市场扭曲，要素相对价格将反映要素相对稀缺性的水平与变化，农民会被诱导去寻找能节约日益稀缺的要素的方法（Ahmad，1966；Hayami & Rutan，1970；Binswanger，1974）。速水佑次郎和弗农·拉坦（Yujiro Hayami & Vernon W. Ruttan，1970）进一步发展了舒尔茨的理论，建立了诱致性技术创新与诱致性制度创新相结合的诱致性技术创新理论。农业生产要素的相对稀缺程度及其供给弹性的不同，在要素市场上主要表现为它们相对价格的高低会诱导出节约相对稀缺而价格相对高昂的资源技术变迁，以缓解供给缺乏弹性的稀缺资源给农业发展带来的限制。劳动供给缺乏弹性或劳动相对于土地价格昂贵，会诱导出节约劳动型的机械化技术进步，土地供给缺乏弹性或土地相对于劳动力价格高昂，则会诱导出节约土地型的生物化学技术进步。正如在劳动力稀缺的美国等国家和地区，农业技术进步路径主要是节约劳动资源而充分利用土地资源的机械化技术进步；而在日本等土地稀缺的国家和地区，农业技术进步则表现为生物化学技术以节约土地、充分利用劳动的技术类型。

以上两种假说虽然说基于不同角度，但其实这两者是互补，且内在统一的（林毅夫，1994）。可见，市场经济中的农民在收入最大化动机的诱使下，会寻求能节约相对稀缺的生产要素，使用相对价格较低的生产要素的技术选择，集中反映了农户技术选择是资源禀赋、文化禀赋、技术与制度各种因素的一般均衡关系（Lin，1991）。

农户对农业生产技术采用行为符合经济人行为选择理论，其技术决策行为过程函数通常是一个所需投入与预期效用的综合期望函数（汪三贵和刘晓展，1996），其生产安排趋向于边际成本，等于边际收益，从而在利润最大化前提下选择先进适用的农业技术。棉花种植在现代社会属于商品属性很高的农作物，棉农几乎完全是“理性农户”，是以实现预期效用和利润最大化为目标而决定技术的采用。借鉴 Atanu Saha 等（1994）的研究思路，棉农技术选择行为的理论模型形式如下：

$$\max H = E[U(W)] = E\{U[p(g(z)e + f(m) - c_0(z+m) - c_1 z)]\} \qquad (2-16)$$

且 $m + z = x$，$Q = f(m) + g(z)e$。

式中，$U(\cdot)$ 表示技术选择的总效用函数；$f(\cdot)$ 为使用传统技术的生产函数；由于新技术产出效益不确定，产出具有随机性，采用新技术后的生产函数为 $g(\cdot)e$，e 为随机变量；m 和 z 分别代表使用旧的和新的生产技术的农产品产量；x 为农户的农产品总产量；p 为农产品价格和平均生产成本，c_0 和 c_1 分别为农户采纳旧技术和新生产技术下的农产品平均生产成本和额外平均生产成本。

根据效用最大化的条件，可以得到只有当 $pg_z(z=0)\tilde{e} > (c_0 + c_1)$，其中 $pg_z(z=0)\tilde{e} \equiv E[g_z(0)\tilde{e}]$ 时，以追求效用最大化目标的农户选择新技术。由此，农户是否采纳一种新技术实际上是一个新旧技术采用成本收益比较的过程。在其他条件不变的情况下，新技术采用的边际收益大于边际成本，农户则会采用新技术（Saha，1994）。但是，其前提条件是其他随机因素条件不变，即$\widetilde{e(\cdot)}$，如果e（·）发生改变，即使新技术采用的边际收益大于边际成本，农户也不一定采用新技术（孔祥智等，2004）。

根据以上 Saha 等（1994）和孔祥智等（2004）的观点，在同样农产品产出m的要求下，农户技术选择行为的理论模型如下：

$$p_1g(m)e-(c_0+c_1)m\geqslant p_0f(m)-c_0m \tag{2-17}$$

进一步可推之，农户新技术采用行为的理论模型为：

$$y^{A*}=p_1g(m)e-p_0f(m)-c_1m\geqslant 0 \tag{2-18}$$

式中，f（·）为使用传统技术的生产函数；由于新技术产出效益不确定，产出具有随机性，采用新技术后的生产函数为g（·）e，e为随机变量；m代表农产品产量；p_0和c_o为传统生产技术下的农产品价格和平均生产成本，p_1和c_1分别为农户采用新生产技术时的农产品销售价格和额外平均生产成本。

根据式（2-18），本书可以将农户技术选择行为的理论模型表示为：

$$y^{A*}=f(R(X_i),\ e(Z_j)) \tag{2-19}$$

从式（2-19）可以得知，影响农户技术采用的因素主要包括技术本身特征变量因素和随机变量因素两大部分。首先，技术本身特征变量主要指新技术采用的盈利性，即新技术采用与旧技术相比，在农业生产方面所产生的额外收益或者成本节约方面的优越性，综合起来就是利润的增加。此外，还有技术的易用性和适宜性，主要指新技术获取的难易程度，包括新技术的学习成本和交易成本。学习成本主要是农户学习并且掌握新技术技能的难易程度；交易成本是指农户购买或者获取新技术的难易程度。这是新技术得以被采用的根本动因。其次，影响农户技术采用的随机因素主要指农户自身所拥有采用新技术的资源禀赋条件，主要包括农户所拥有的个人内部和外部社会经济特征因素，这些因素决定了新技术采用成功的概率（吴敬学等，2008）。

棉花种植在现代社会属于商品性属性很高的农作物，棉农几乎完全是“理性农户”，以实现预期效用和利润最大化为目标而决定技术的采用。因此，本书后面对于棉农技术采用行为的研究，主要依据该理论为分析框架，结合我国棉花生产技术发展的需求，从技术采用本身成本收益特征变量、棉农个人和家庭资源特征变量以及外部制度环境变量三个角度构建合理的变量，实证研究影响我国棉农技术采用行为的主要因素。

第三节　文献综述回顾与述评

一、技术进步与中国棉花生产增长

自 20 世纪 50 年代，Solow 对经济增长理论所做的开创性工作以来（Solow，1957），经济增长的决定因素就成为理论界古老而常新的研究热点领域。改革开放以来，中国农业经济的迅速发展引起了国内外学者的关注，对中国农业经济增长的源泉进行了多角度和多方法的研究。

在实证方面，研究方法主要包括三类：

首先，传统的非前沿方法。该研究方法主要集中在 20 世纪 80 年代至 90 年代中期，主要基于C－D 生产函数，在“索洛残值法”的基础上探索技术进步贡献率的测度方法（赵芝俊等，2009）。如冯海发（1989）、McMillan 等（1989）、Wen（1993）、Carter 等（1999）都运用 Kendrick 算术指数，对中国农业全要素生产率的变化进行了分析，Fan 和 Zhang（2002）运用 Törnqvist－Theil 生产率指数分析。Fan（1991）、Lin（1992）、朱希刚（1997）、辛翔飞等（2005）首先估计中国农业总量生产函数（主要是 C－D 生产函数形式），然后运用增长核算（Growth Accounting）的方法分析。

其次，随机前沿生产函数参数法。运用参数估计的方法测算农业经济增长因素，生产函数形式的选择至关重要。吴方卫（2000）、张浩（2008）基于 C－D

函数的随机前沿生产函数法，郑循刚（2010）、李京文（1993）、胡瑞法等（1994）、赵芝俊等（2008）、石慧等（2009）运用Translog函数的随机前沿生产函数分析方法，计算要素替代弹性和技术进步率。赵芝俊等（2006）通过函数形式检验，确定了一种要素弹性与时间呈二次关系的生产函数，用以解释改革开放后农业生产要素的变动趋势。

最后，前沿数据包络分析非参数法。孟令杰（2000）引入Malmquist指数和数据包络分析法对中国农业TFP与农业生产的各种效率进行了研究，这是农业全要素生产率研究方法上的一次有意义的尝试。此后，采用这种非参数方法的研究层出不穷（Mao & Koo，1996；Spitzer，1997；Lambert & Parker，1998；Wu et al.，2001；顾海等，2002；陈卫平，2006；李静等，2006；宋增基等，2008；李谷成，2009；方福前等，2010）。此外，Rozelle和黄季焜（2005）使用的标准狄威西亚指数（Divisia Index），李静等（2006）使用的非参数HMB生产率指数方法，都是数据包络分析非参数法在我国农业生产率研究中的进一步拓展。

具体到中国棉花生产增长方面，研究者对中国棉花技术进步的贡献也进行了一定研究。目前，很多研究学者对于我国棉花生产成本结构变动与棉花生产波动多采用描述统计分析方法（胡雪梅，2008）。最近几年一些学者从生产要素视角对棉花产出增长的影响进行了实证研究。其中，田伟和谭朵朵（2010，2011）对1997～2008年中国棉花全要素生产效率及其主要影响因素进行了随机前沿生产函数分析。孙林等（2004）、刘锐等（2010）使用数据包络分析的非参数Malmquist方法分别对1990～2001年与1981～2008年的中国棉花生产效率（TFP）、技术进步、技术效率等变化进行测度。除此之外，绝大多数学者均采用传统的固定弹性系数C－D生产函数模型和"索洛余值"测度各种要素产出弹性系数和要素贡献率，进而计算出技术进步率和贡献率（黄耀辉，1990；温思美等，1995；谭砚文等2002；朱希刚和张社梅，2007；温玉萍，2007；徐爱武和黄萍，2010；张社梅和赵芝俊，2007；胡少华和邱斌，2004）。

从已有的研究结论看，虽然所有研究成果基本肯定了技术进步是中国棉花生产增长的重要源泉，但对于1990年以后我国棉花生产增长因素的分析结论不一致，且与现实发展情况不太吻合。其主要原因是变量选择以及实证资料不同。从被解释变量选择看，有些学者为了减少变量间的共线性问题，侧重棉花单产增长原因研究，结果导致土地投入要素的重要作用不能体现。从解释变量选择看，虽然经历由单纯内生要素测度向重视外生要素作用的转变，重视了气候、制度、区域结构等重要因素的作用，但对于当前作用力不断增强的要素，尤其是机械要素作用没有加以重视。因此，本书将根据各种研究方法的优劣势，择优选择模型，并且在变量指标选择上更加重视现阶段中国棉花投入产出的新诉求、新特性，使得计量结果的可靠性与有效性增强。

二、农户技术选择行为的影响因素研究

对于农户技术选择行为的研究一直是经济学研究的热点，最早可以追溯到1957年Griliches关于美国杂交玉米品种技术采用的农户行为研究。最具代表性的文献是Hayami－Ruttan（1958）的技术诱导理论和舒尔茨的农业改造理论，认为农户技术选择的根本诱因是各类生产要素的稀缺程度，农户技术选择实质上是农户对节约稀缺生产要素的内在反应，以获得总要素投入边际收入最大化。因此，新技术与旧技术的“决定有利性差别”是农户采纳新技术的主要动因。同时，制度也是影响农民新技术接纳程度的重要变量（林毅夫，2006）。此后，关于农户技术采纳行为的研究基本遵循三位学者的基本研究假说，构建不同理论模型，并进行深入的理论与实证研究。

众多相关的研究成果表明，农户技术选择行为的主要动因在于要素稀缺性的诱致（技术本身特征），除此之外，农户及其家庭内部因素、外部制度环境因素也对农户技术选择产生显著影响。农户技术需求及其行为影响因素是很多农业经济学家所关注的问题。国际上，Hieber（1976）、Just和Ziberman（1980）、Dong（1998）、Tangata（2003）、Wozniak（1993）、阿农（1989）等采用计量、统计、运筹等方法，通过建立Probit或Logit模型研究农户的技术需求行为。Kebede

（1992）通过对埃塞俄比亚农户采纳行为的研究，发现农户技术采纳行为受农户风险规避的影响。Lindner 认为，规模越大的农户采纳新技术越早。Fischer 和 Lindner 注意到农户之间在劳动力资源、土壤质量等方面的差异会造成农户新技术选择行为的差异。国内的相关研究大多数观点认为，短期内农户对技术的采纳主要遵循市场需求的诱导，“面对一项可供采用的技术，农民是否会采用，受到两个方面的影响：一是学习新技术的成本；二是采用新技术的收益”。“农民采用新技术的决策过程中，追求盈利最大化已经替代追求产量增加而成为最基本的动因”（朱明芬等，2001；常向阳等，2005；赵翠萍，2007）。但农户技术需求受到年龄、性别、受教育程度、身体状况、家庭收入、风险偏好、信息成本等因素的影响（吴敬学，1996；彭文平，2002；刘玉凤，2005；高启杰，2001）。例如，蒋太碧（1998）等认为，农民资本少、规模小、农民的文化水平低等因素导致农民对新技术的需求不足。张桂蓉（2001）指出，农民文化素质、利益、风险、信息不全等是造成我国农业技术需求不足的原因。汪三贵（1996）认为，信息传播不完善造成农户对技术内容和效果的不了解或减少新技术的采用。陈继宁（1998）在对武胜县农户调研后发现，经济效益、产量、土地经营规模、劳动力、文化程度、政府干预以及社区邻里的影响等是农户采用新技术的主要影响因素。罗松远（2009）基于二元 Logistic 模型论证了农户行为受年龄、性别、自身素质和技术推广等因素影响，其中农业技术推广人员对农户选择技术进步类型影响比较显著。孔祥智等（2004）在修正了现有理论模型的基础上，对小麦新品种技术和蔬菜、水果的保护地生产技术两种在采纳成本上分属不同层次的技术进行分析。具体到棉农行为研究上，谭砚文等（2005）运用适应性预期模型和协整检验技术对中美两国棉花生产者供给反应函数进行了度量，结果表明，中国棉花生产者的决策行为主要受价格和成本的影响，而美国棉花生产者却呈现出反市场化的逆向行为。

对于农户机械化生产技术（或节约劳动型技术）采用行为的研究结果表明，农户机械化技术采用与节约耕地型（或高产型）技术采用的影响因素有较大差别，即使是机械化技术农户在粮食作物和经济作物中的选择行为也具有明显的差异（唐博文等，2010；罗小锋等；满明俊等，2010）。因此，为了引导、规范和推进我国棉花对于轻简化生产技术的采用力度，非常有必要结合棉花生产特性和技术转化需求，分析影响当前中国棉农轻简化生产采用行为的主要影响因素，以期为明确我国棉花现代生产技术推广工作中的优先顺序以及重点提供参考。

三、农户技术采用的经济效应研究

先进农业生产技术应用，通过直接和间接两个作用方式，对促进农业产出、减缓贫困发挥着十分重要的作用（Pandey，2000；Fan，1991；Feder & Umali，1993；Huang & Rozelle，1996；Janvry & Sadoulet，2002）。并且，技术选择对农户生产收入的影响效应呈复杂化趋势，主要源于不同农业技术在不同农作物与不同类型农户生产中体现的经济效应差异比较明显。总体上看，机械化技术的收入效应在大规模农户中的作用更明显，生物化学性技术对中小农户的增收效果更大（Khan et al.，1988）。对于农作物类型而言，粮食作物的生物技术的收入效应比较明显，而像棉花、水果等劳动密集型农作物的机械技术的收入效应将越来越重要（Pepijn et al.，2007）。也有学者认为，农业技术应用对农户收入起负向作用。Hossain 等（2003）研究发现，高产水稻对富裕农户有积极效应而对贫困农户有负向影响。Bourdillon 等（2002）研究认为，高产玉米仅是微小地增加了农户的农业收入。刘进宝和刘洪（2004）认为，随着新技术的不断推广，新技术所产生的超额收入也将逐渐消失。

从计量经济分析方法上看，当前绝大多数研究成果对于技术采用的经济效应评估，是采用简单的描述统计比较分析或者一般回归分析。如 Evenson 和 Gollin（2003）将 1996～2000 年的高产农业技术对农业产出量、农民收入等经济效果进行了时间序列的比较分析。Khan 等（1988）和 Pepijn 等（2007）利用描述统计分析方法，分别就糖类加工技术与生物技术的收入效应进行了农户技术采用前后的收入水平的比较分析，或者比较技术采用户与非采用户之间的收入水平差距。

Hossain（2006）、Rahman（1999）、A. N. Wiredu 等（2010）、Yuko Nakano 和 Kei Kajisa（2012）、Manfred Zeller 等（1998）、Mahabub 等（2006）在一般的投入产出描述统计比较分析的基础上，运用多元 OLS 回归研究了改良或者杂交水稻技术对稻农的稻米产量和利润的影响。Tabi 等（2010）和 Germano Mwabu 等（2006）对玉米品种技术采用的经济效应进行评估。霍学喜等（2011）采用最小二乘法和分位数回归技术，实证研究劳动节约型、劳动密集型技术选择对种植户苹果生产收入变动的影响机理、方向和程度。此外，Renkow（1993）和 Karanja 等（2003）使用多元市场结构模型（the Multi - market Model），Arjunan 等（2009）及 Subramanian 和 Qaim（2009）运用社会核算矩（SAM）模型，研究转基因棉花技术的收入效应。但是，这些研究方法都不能满足样本选择的随机性原则，也不能解决技术选择和农户收入的“内生性”问题，因此，估计结果存在一定的偏差（Rubin，1974；Rosembaum & Rubin，1983；Rosembaum，2002；Heckman & Vytlacil，2005；Lee，2005）。

为了解决选择偏误问题，产生了包括纯自由实验法、中性实验法、匹配法、工具变量法和结构仿真模型。前两种方法由于试验成本高无法实现，而后两种方法对于估计模型设计要求很高。作为社会实验方法的一个替代，基于趋势评分匹配的双重差分法，建立反事实（Counterfactual）情景，通过个体特征相似的参与组（Treated Group）和对比组（Control Group）的技术采用的作用效果的比较，估算出技术采用的平均处理效应，能较好地解决“选择偏差”问题，且倾向匹配方法（the Propensity Score Matching，PSM）是一种非参数估计模型，应用方便（Lee，2005；Rosenbaum，2002）。

近年来，国外一些学者开始运用 PSM 方法对大宗粮食作物，如小麦（Mulugeta et al.，2012）、水稻（Mendola et al.，2007；Wu et al.，2010；Kijima et al.，2008；陈玉萍，2010）、玉米（Becerril et al.，2009）和豆类（Franklin et al.，2012；Solomon et al.，2012），高产良种技术采用的经济效应进行了评估。此外，Hina 等（2012），Akhter Ali 和 Awudu Abdulai（2010）对转基因棉花技术

的效应进行了研究。可见，从研究内容看，目前对于先进农业生产技术对象更多集中于良种技术，而对于节水滴灌、农业机械化技术等农艺技术的经济效应评估较少。尤其是在国内，我国关于农业技术的收入效应主要侧重于从宏观角度出发，研究农业技术进步（或者总体性技术应用）对农户生产收入变化的影响（黄祖辉等，2003；张东辉等，2007；李大胜等，2007；周波等，2011）。对于微观农户的技术采用的收入效应研究比较少。

四、农户技术效率相关研究

Farrell（1957）首次将技术效率定义为：在现有技术条件下，按既定要素投入比例，生产一定量产品所需要的最小成本与实际成本的比值。Farrell 定义的技术效率是从投入和产出角度衡量生产单元能够多大程度运用现有技术达到最大产出的能力，集中反映了其产出、资源利用效率以及成本控制等多方面生产经营特征，是效率的集中体现（李谷成，2008）。目前，学术界对技术效率的测度主要有参数法和非参数法。其中，非参数法以数据包络分析（DEA）为代表，参数法以随机前沿分析（SFA）为代表。DEA 通过线性规划技术，构建生产前沿面来测度农户相对生产效率。数据包络分析的优点在于无须设定生产函数的具体形式，从而可以避免函数设定误差带来的问题，但其作为一种数学线性规划方法，并不具备经济学上的意义，无法实现对随机误差造成的效率损失进行进一步分解。参数分析法以经济理论为基础，通过设定具体的函数形式，估计函数中的各未知参数，从而精确求解实际产出和潜在产出的比值，并且实现对随机误差造成的效率损失进行分解的目的。

Aigner、Lovell 和 Schmidt（1977），Meeusen 和 Van Den Broeck（1977）分别独立提出随机前沿生产函数，其最初是基于截面数据的应用，假设模型的随机扰动项包括无法控制的随机影响以及技术无效率两个部分。之后，国外学者对随机前沿生产函数模型进行了大量的研究与拓展（Pitt & Lee，1981），一方面对技术无效率做出半正态分布、均值为非零的截断正态分布以及指数分布三种假设；另一方面将截面数据拓展到面板数据，测算决策单元的技术效率随时间的变化趋势（曹暕，2005）。另外，学者们还用估计的每个决策单元的效率与决策单元的特征变量（比如管理经验、决策者特征）进行回归，探索影响决策单元技术效率的因素。然而，在实证研究中，这种“两步法”一直被认为是最有效的方法，直到 Kumbhakar、Ghosh 和 McGukin（1991），Reifschneider 和 Stevenson（1991）等提出由于技术效率的分布假设在“两步法”中是不同的，这样会导致参数估计的低效与有偏，他们通过将技术效率指数表示为外生性向量函数和随机扰动项同时植入随机前沿生产函数，Battese 和 Coelli（1995）在 Kumbhakar 等研究的基础上提出面板数据的一步法估计模型。

国内学者在此基础上，利用随机前沿生产函数模型对我国农户技术效率进行了大量的研究。谭淑豪（2006）利用 C－D 生产函数形式的随机前沿模型对土地细碎化与中国稻农技术效率的关系进行研究，研究结论表明，土地规模的细碎化对水稻技术效率产生了负面影响。曹慧（2006）使用超越对数形式的产出型距离函数，对江西省集体林区农户技术效率的影响因素进行了研究。李谷成（2008）采用超越对数生产函数形式的随机前沿模型，对影响农户家庭经营技术效率的因素进行系统的分析。赵敏娟（2012）同样构造超越对数形式的产出型距离函数随机前沿模型，评价了我国退耕还林政策对农户生产技术效率的影响。刘七军（2012）利用超越对数生产函数形式的随机前沿模型对我国内陆干旱地区不同规模农户生产技术效率及灌溉用水效率差异进行了实证分析，研究结论表明，农户生产技术效率与经营规模呈现倒 U 形，农户灌溉用水效率随着规模的扩大而不断提高。霍学喜（2012）通过建立超越对数生产函数随机前沿模型，测度了中国苹果生产技术效率与投入要素产出弹性，并且探索了影响果农技术效率的因素。但是，从现有文献看，国内对于中国棉农技术效率的研究，还是局限于描述统计比较分析，未进行深入的计量模型分析。

第三章　我国新疆棉花生产及其技术进步的概况

我国植棉历史悠久，棉花种植区域分布十分广泛。改革开放以来，我国棉花产区格局经历了自南向北，再向西北新疆产区转移的过程。棉花产区格局的变化，一方面反映了中国棉花生产布局变化受各地区农业自然生态条件、农业种植业内部比较效益、技术进步和国家政策的影响；另一方面也预示了随着社会经济发展和社会分工的不断深入，农业劳动力成本不断攀升，如果不改变棉花“费工、费力、费时、费钱”的“四费”特征，我国农民植棉意愿将会进一步下降，我国棉花供需矛盾将难以有效缓和。本章对我国棉花生产及其技术进步情况进行历史回顾，包括棉花的播种面积、总产、单产、成本收益及棉花生产技术等方面的时序变化情况。尤其对本书核心研究样本区域——新疆棉区进行了重点介绍。这些定性和一般描述统计分析将为本书后面章节的理论和实证研究提供研究背景基础。

第一节　全国棉花生产概况

我国具有悠久的棉花种植历史，棉花种植区域也比较广泛。棉花一直是我国重要的农业经济作物，对于农民增收和国民经济发展具有十分重要的意义。随着国民经济发展，非农就业机会增加，农业劳动力成本和物质投入成本的不断增加，我国棉花生产投入结构与产出效果发生了深刻变化。

一、棉花播种面积

总体上看，改革开放后我国棉花种植面积由 1978 年的 487 万公顷减少到 2010 年的 485 万公顷，年均增长率为 0.9%。分阶段看，图 3－1 显示，改革开放以来，我国棉花播种面积经历了 20 世纪 80 年代的稳步增长、90 年代持续下降以及进入 21 世纪初期的波动上升而后又趋于下降的阶段性变化过程。首先，我国棉花播种面积从 1978 年的 487 万公顷上升到 1990 年的 559 万公顷，进而又由 1991 年的 654 万公顷下降到 1999 年的 373 万公顷。进入 21 世纪初，棉花播种面积由 2000 年的 404 万公顷逐步增加到 2007 年的 593 万公顷，但随后三年又开始下降，到 2010 年我国棉花播种面积为 485 万公顷。

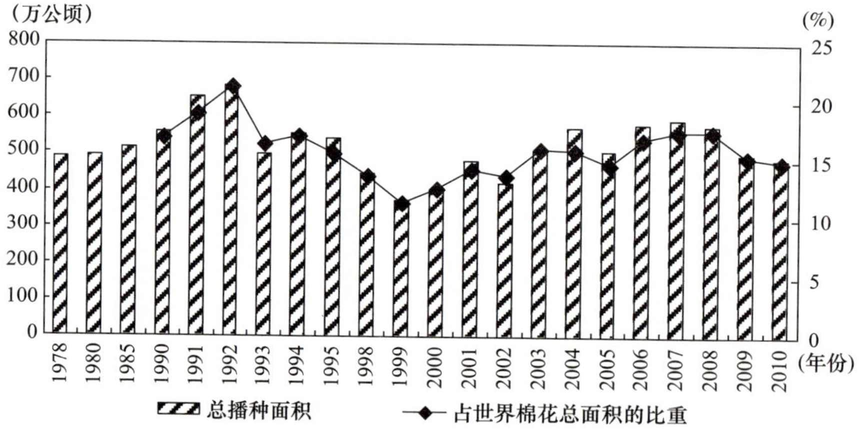

图 3－1　1978～2010 年我国棉花种植面积的变化

资料来源：历年《中国统计年鉴》和《中国棉花年鉴》。

与此同时，我国棉花占世界棉花总种植面积的比重大致呈现出小幅下降趋势但比较平稳，所占比重在 15% 左右徘徊。

二、全国棉花总产出

从图 3－2 反映出，我国棉花总产和单产总体上处于不断增长的态势，尤其是棉花单产水平增加幅度更明显。

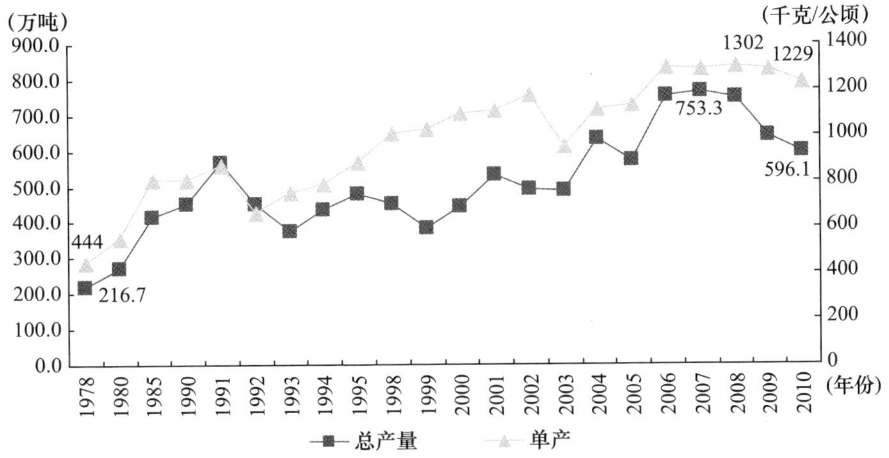

图 3－2　1978～2010 年我国棉花总产量与单产的变化情况

资料来源:《中国统计年鉴》(2011)。

首先，我国棉花总产从 1978 年的 216. 7 万吨增加到 1990 年的 450. 8 万吨，20 世纪 90 年代，我国棉花总产由 1991 年的 567. 5 万吨减少到 1999 年的 382. 9 万吨（其中 1993 年的 373. 9 万吨为 90 年代以来的最低点）。进入 21 世纪初，我国棉花总产开始显著增长，由 2000 年的 441. 7 万吨增加到 2007 年的 753. 3 万吨，尔后三年开始下降，2010 年棉花总产量为 596. 1 万吨。我国棉花总产改革开放后的 30 多年，年均增长率为 6. 9%。

其次，关于我国棉花单产增长情况，1978 年、1980 年、1990 年、1999 年、2005 年和 2010 年分别为 444 千克/公顷、550 千克/公顷、807 千克/公顷、1028 千克/公顷、1175 千克/公顷、1129 千克/公顷和 1229 千克/公顷。总体上看，我国棉花单产水平逐年提升，年均增长率为5.9%。不过需要指出的是，我国棉花单产历史最高点为2008年的1302千克/公顷。

与此同时，图3-3显示，自20世纪90年代以来，我国棉花总产量占世界棉花总产量的25%左右，而我国棉花单产水平几乎为世界棉花平均单产的1.6倍。可以看出，我国在世界棉花生产中具有较明显的竞争优势，这种优势不仅仅来自棉花播种面积，更多来自我国较高的棉花单产水平。其中，2000~2010年，我国棉花单产为78.3千克/亩，高于同期全球平均水平63%，高于美国36%。2006~2010年我国棉花单产为85.4千克/亩，高于同期全球平均水平66.2%（毛树春，2010）。

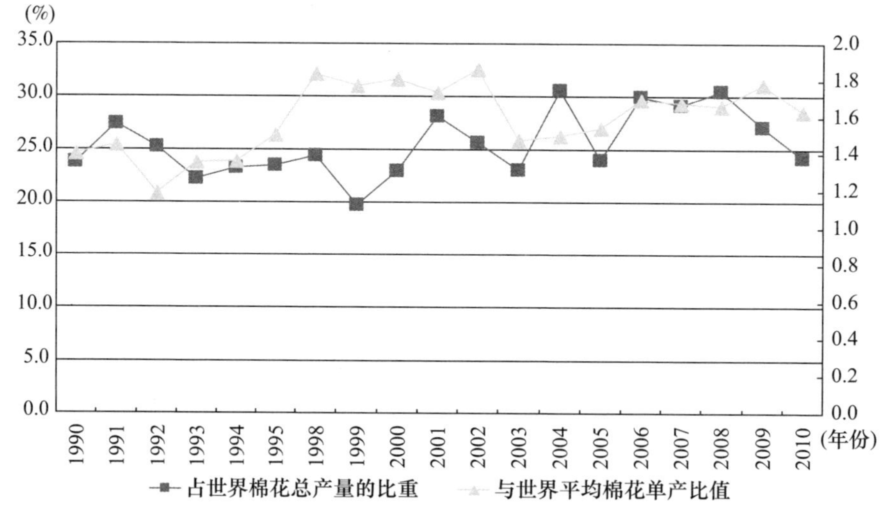

图3-3　1990~2010年我国棉花产量占世界棉花的比重

资料来源：《中国统计年鉴》（2011）。

三、全国棉花生产效率

（一）棉花劳动生产率和土地生产率

棉花技术进步通过作用于棉花生产中的各个生产要素，进而优化要素配置效率、降低要素投入量和提高生产要素产出效率，从而促进棉花产出能力增强。其中，最为显著的表现是在不增加生产要素数量的条件下，使得棉花土地产出效率和劳动生产效率不断提高。图 3 －4 显示，相对于我国棉花播种面积增幅很小以及每亩棉花劳动投入数量急剧下降，我国棉花土地和劳动生产率不断提升。可见，技术进步对于我国棉花生产增长的促进作用很大。正是因为棉花技术进步促进了中国棉花单产和劳动生产率的提高，进而使得总产大幅增加。

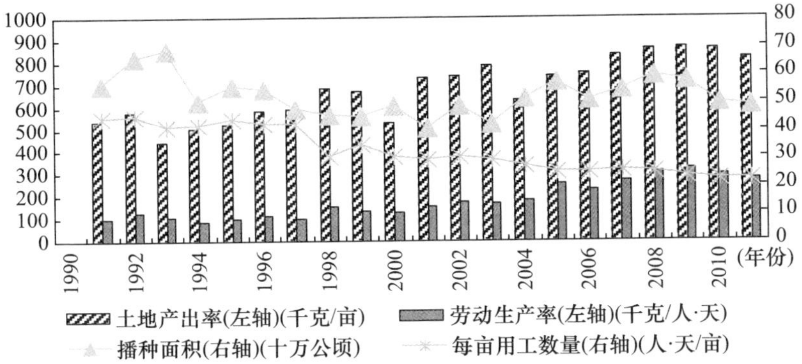

图 3 －4　1990 ~ 2010 年中国棉花劳动生产率、单产、播种面积及人工投入量的变化

资料来源：根据历年《中国统计年鉴》和《全国农产品成本收益资料汇编》整理计算。

（二）棉花产出收益

棉花商品率达到了 98% 以上，农民种植棉花的主要目的是获取较高的棉花生产收益。棉花收益的高低直接决定了农民种植棉花的积极性。产值和收益是棉花生产的“稳定器”。从图 3 －5 可以看出，1990 ~ 2011 年我国棉花产值处于比较稳定的增长趋势，但由于我国棉花种植成本不断攀升，棉花价格也波动频繁，使得我国棉农的种植收益的增减幅度很大。

我国棉花主产品产值由 1990 年的 463 元/亩增加到 2011 年的 1995. 1 元/亩，增长了 4. 3 倍，且自 2003 年后，我国棉花产值突破了千元/亩大关，2010 年最高，为 2433. 2 元/亩。每亩棉花主产品产值是棉花单产和棉花价格相乘的变量。

由于我国棉花单产如上所述是处于不断上升的状态，可见，棉花产值的波动更多是受制于棉花价格的影响。我们可以发现，2003 年、2010 年等年度产值大涨是因为当年棉花价格大幅回升的结果。

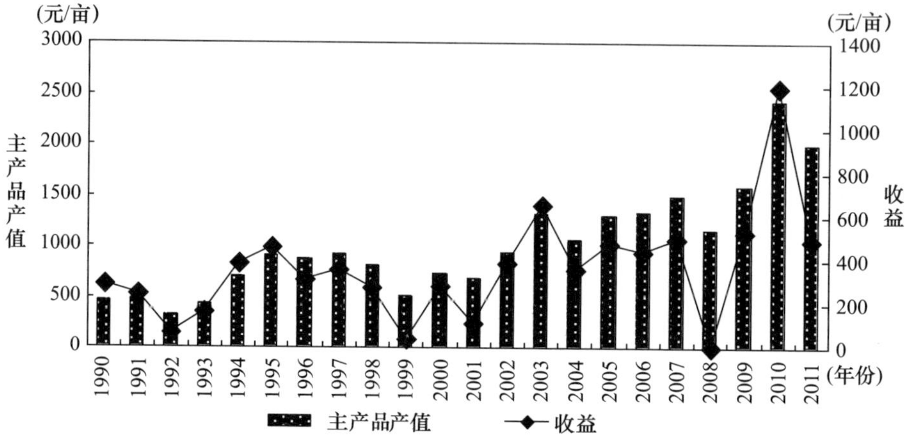

图 3－5　1990～2011 年我国棉花产值和收益变化

注：1991～2005 年的收益是指税后净收益，2006～2011 年的收益是指净收益。

资料来源：1990～2000 年数据来源于相关年度的《全国农产品成本收益资料汇编》；2001～2011 年数据来源于《中国棉花景气报告》(2011)。

收益为产值减去成本的结果，是农民种植棉花的主要目的甚至是唯一目的，更是稳定我国棉花种植面积的关键因素。总体上看，我国棉花种植收益增长了，从 1990 年的 290 元/亩增长到 2011 年的 491 元/亩，增长了 1.7 倍。植棉收益最高的 2010 年达到了 1190.6 元/亩，增长了近 4.1 倍。但是从植棉收益变化图中可以发现，我国棉花种植收益年际间波动幅度很大，棉花净收益最低的 2008 年为 1.9 元/亩，增减幅度最大时为 27600%。22 年间棉花种植净收益有 12 年增 10 年减。近几年，植棉收益仅为粮食的 60%，仅为林果的 10%（毛树春，2008）[①]，棉花种植比较收益低。

① 资料来源：http://info.textile.hc360.com/2009/09/08095481721.shtml。

第二节　中国棉花主产区格局的变迁：新疆棉花地位突起

我国棉花种植历史悠久，棉区分布也十分广泛。按积温、纬度、降水量等生态自然条件，可以将我国棉区严格划分为华南棉区、长江流域棉区、黄河流域棉区、北部特早熟棉区和西北内陆棉区五大产区。不过由于华南棉区和北部特早熟棉区在我国棉花产区中的地位一直不是很明显，而且成为零星种植产区，其棉花播种面积和产量合计不到全国总产的 1%（汪若海，2009）。在此主要从长江流域棉区、黄河流域棉区和西北内陆棉区的播种面积比重的变化来梳理我国棉花主产区格局的变迁。其中，长江流域棉区的主产省份主要包括江苏、浙江、安徽、四川、江西、湖北、湖南 7 省。黄河流域棉区主要包括山东、山西、河南、河北、陕西和辽宁 6 省。西北内陆棉区主要是指新疆北疆、南疆和甘肃河西走廊棉区[①]。

一、三大棉花主产区的比较

（一）棉花播种面积

根据图 3－6 可以看出，经过 1958～1980 年 20 多年的调整，长江流域棉区和黄河流域棉区地位发生了一些变化，长江流域和黄河流域棉区植棉面积比重分别由 1958 年的 60% 和 38% 变化为 1980 年的 45% 和 48%。可见，在 20 世纪 80 年代前，长江流域棉区在中国棉区中地位显著。

① 本书中有关长江流域棉区的数据主要将江苏、浙江、安徽、江西、湖北、湖南、四川 7 省的相应数据加总；黄河流域棉区主要将河北、河南、山西、山东、陕西和辽宁 6 省的数据加总；西北内陆棉区数据是将新疆和甘肃省的数据加总。

进入20世纪80年代，我国棉花植棉面积格局发生了进一步实质性变迁。经过80年代的调整，长江流域棉区和黄河流域棉区植棉面积比重发生了实质性变化。长江流域棉区棉花种植面积继续萎缩，到1990年植棉面积比重下降到30.5%，而黄河流域棉区植棉面积快速增加，到1990年植棉面积比重上升到60.6%。在该时期，西北内陆棉区比重也小幅上升，由1980年的3.8%上升为1990年的7.9%。黄河流域棉区在20世纪80年代是我国最大、最重要的棉花主产区域。

进入20世纪90年代，西北内陆棉区异军突起（见图3-6）。西北内陆棉区植棉面积比重一路攀升，1999年的棉花播种面积比重已经上升到26.7%。而黄河流域棉区棉花播种面积却快速下滑，1999年棉花播种面积比重为38.6%。1999年底，长江流域棉区棉花播种面积比重为33.2%，相对于20世纪80年代的面积萎缩，90年代长江流域棉区面积有所回升。可见，经过20世纪90年代的调整，我国棉花主产区格局又一次发生了深刻变化，西北内陆棉区成为与长江流域棉区和黄河流域棉区旗鼓相当的棉花主产区，自此形成“三足鼎立”的棉花主产区格局。

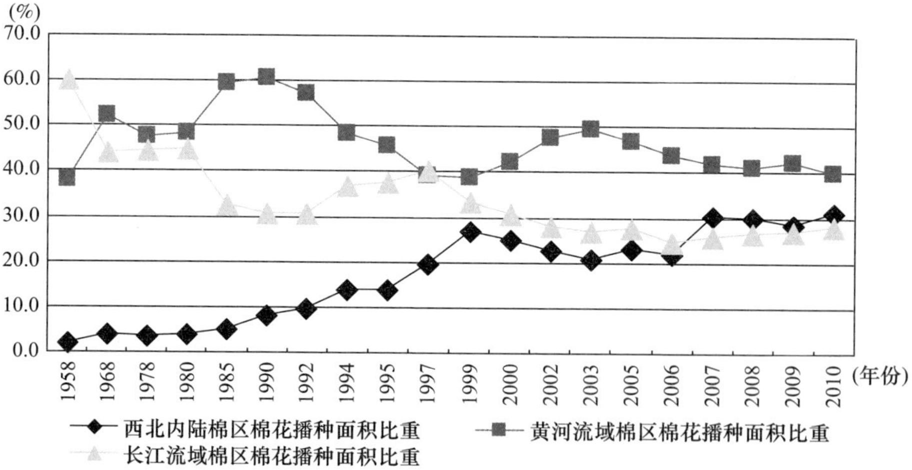

图3-6 我国三大棉区棉花播种面积比重的变化

资料来源：根据《中国农业统计资料汇编（1949~2011）》进行计算。

进入21世纪初，根据图3－6三大区域棉花播种面积比重，我们可以发现，黄河流域棉区依然有波动中小幅下滑的趋势，而长江流域棉区和西北内陆棉区则有小幅稳定上升的趋势。其中，从2000年长江流域棉区、黄河流域棉区和西北内陆棉区棉花播种面积比重分别为30.5%、42.1%和25.1%，2005年三大棉区棉花播种面积比重分别为26.7%、46.8%和30%，2010年三大棉区棉花播种面积比重分别为28%、39.7%和31.1%。

（二）棉花总产量的变化

从棉花总产量的比重变化的总体趋势看，根据图3－7显示，长江流域和黄河流域棉区的棉花产量比重在增减频繁波动中趋于下降，而西北内陆棉区棉花总产量比重稳步上升。

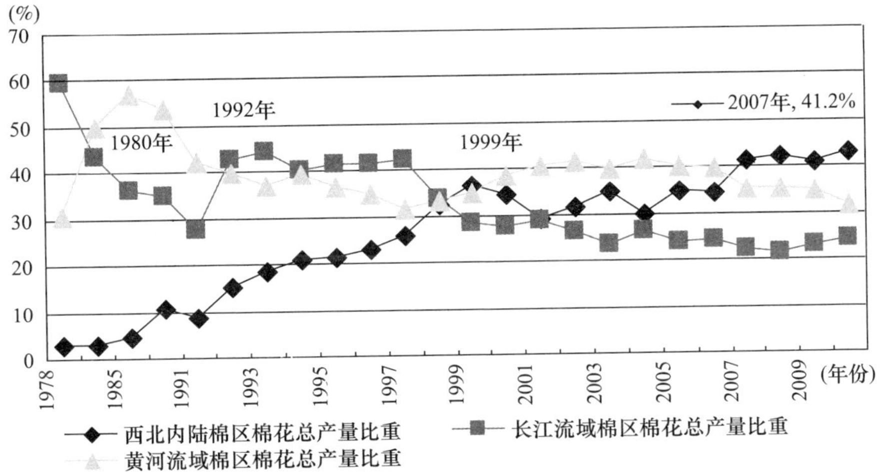

图3－7　我国三大棉区棉花总产量比重的变化

资料来源：根据《中国农业统计资料汇编（1949～2011）》进行计算。

分阶段看，我国棉花总产量布局经历了20世纪八九十年代三次大的变迁。其中，在80年代前，长江流域棉区棉花总产量比重最高，1978年和1980年该区域棉花总产量比重分别为60%和43.3%，黄河流域棉区分别为31%和50%，西北内陆棉区分别为2.7%和3%。但经历了80年代的调整后，到1990年，黄河流域棉区、长江流域棉区和西北内陆棉区棉花总产量占全国棉花总产量比重分别为53.5%、35%和10.6%。可见，在20世纪80年代黄河流域棉区由于棉花种植面积的增加，成为我国棉花总产量最大的产区。

进入20世纪90年代后，长江流域和黄河流域棉区之间棉花总产量比重交互变化，而西北内陆棉区则是快速增加。到1999年，长江流域棉区、黄河流域棉区和西北内陆棉区的棉花产量比重分别为28.2%、34.8%和36.5%，西北内陆棉区逐渐成为我国棉花总产量第一的棉区。2007年该区棉花总产量占据全国棉花总产量的41.2%，三大棉区地位有新的变化，棉花总产量比重并不与棉花播种面积比重变化格局相一致。

21世纪前十年，长江流域棉花总产量比重基本维持在22%~27%，黄河流域棉区总产量比重维持在35%~40%，西北内陆棉区棉花总产量比重维持在35%~40%。可见，西北内陆棉区棉花产量在全国的地位稳步提升，而其他两大产区变化不大。

（三）棉花单产量的变化

从棉花产量来分析我国棉花主产区格局的变迁，图3-8十分鲜明地反映出，虽然三大棉区的棉花单产水平都有不断增加的态势，但西北内陆棉区的优势更加显著。自20世纪90年代起，西北内陆棉区的棉花单产水平远远高于我国其他两大棉区。1990年，长江流域棉区、黄河流域棉区和西北内陆棉区棉花单产水平分别为916千克/公顷、459千克/公顷和1082千克/公顷。自此以后，西北内陆棉区棉花单产水平开始遥遥领先于其他两大棉区，长江流域棉区和黄河流域棉区相对而言长江流域棉区的单产水平要高于黄河流域棉区。改革开放以来，西北内陆棉区、长江流域棉区和黄河流域棉区单产年均增长率为8.5%、4.1%和8%，到2010年，三大棉区的棉花单产水平分别为1694千克/公顷、1073千克/公顷和971千克/公顷。

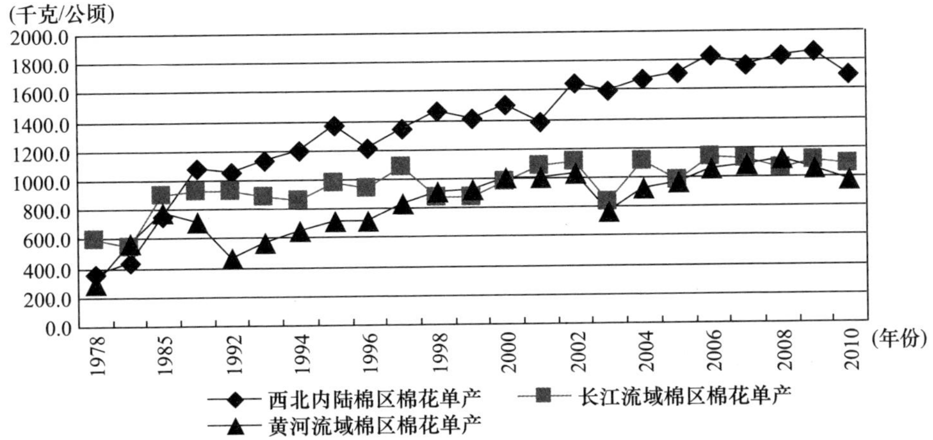

图 3－8　我国三大棉区棉花单产变化情况

资料来源：根据《中国农业统计资料汇编（1949～2011）》进行计算。

结合我国三大棉花产区的棉花单产和植棉面积的变化，可以非常清楚地分析出我国主产区棉花总产量格局变化的具体原因。长江流域棉区和黄河流域棉区更多依赖于棉花播种面积规模，正是因为 20 世纪 80 年代黄河流域棉区的播种面积大量增加而长江流域棉区面积快速下降，导致该时期黄河流域棉区从棉花播种面积和总产量层面成为我国最大的棉花主产区。但是，西北内陆棉区地位的上升，尤其是 90 年代至今，除了由于播种面积增加，更为关键的是棉花单产水平的比较优势。因为，西北内陆棉区的棉花播种面积相对于其他两个棉区并不占优势。

二、新疆产区棉花生产的典型性

按区域看，前文分析得知，西北内陆棉区在我国棉花生产中的地位不断攀升，其主要力量是来源于新疆棉花生产的突起。因为新疆棉花总产量和总播种面积占西北内陆棉区总产量和总面积的93%～99%。因此，学者们往往将我国西北内陆棉区称为新疆棉区。新疆产区的种植面积虽然不是全国三大棉区的首位，但棉花产量在2007年已经成为第一，棉花单产水平在1990年成为第一。

按省份划分看，新疆棉花种植面积在1997年超过河南省，成为我国棉花第一大种植大省（见图3－9）。棉花单产水平，新疆在1994年超过湖南省，成为我国棉花单产水平最高的省份。新疆棉花总产量在1994年超过河南省，成为我国棉花总产量第一大省。截至2010年底，新疆棉花总播种面积为1460.6千公顷，几乎为其他七大棉花大省的2～7倍。新疆棉花产量为247.9万吨，占全国棉花总产的42%，几乎为其他棉花大省的3～10倍。新疆棉花单产水平更是优势明显，2010年为1697千克/公顷，是全国平均水平的1.4倍，是其他棉花大省的1.5～1.8倍。可见，新疆已经成为我国最为重要棉花生产基地。某种程度上，新疆棉花稳则中国棉花稳。因此，进入21世纪，我国更应该关注新疆棉花的生产，对其生产技术及政策完善进行专题研究。

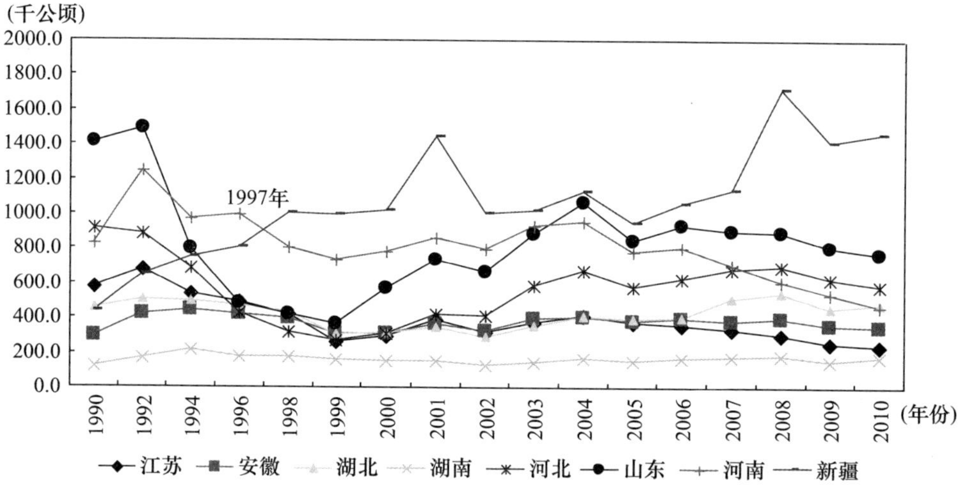

图3－9　我国八大棉花大省的棉花播种面积比较

资料来源：根据《中国农业统计资料汇编（1949～2011）》进行计算。

综上所述，我国棉花植棉主产区经历了20世纪80年代和90年代初两次大的战略性调整，使棉花主产区经历了由南向北，再向西北新疆地区转移的过程。

华南和北部特早熟棉区已经失去了主产棉区的地位，长江流域棉区和黄河流域棉区在调整中地位降低，而西北内陆棉区中的新疆棉区崛起，取得了突破性进展，形成了“三足鼎立”的格局。

我国棉花主产区从经济发达区域向经济欠发达区域转移是各地区棉花生产自然条件、种植业内部比较效益、粮食安全保障水平、自然灾害、技术进步和国家政策等多种因素综合影响的结果。棉花属于劳动密集型和商品性极高的农作物，棉花价格相对于粮食作物较高，但同时用工多，农业劳动力成本高。在粮食作物机械化程度和农业劳动力成本较低的情况下，长江流域和黄河流域具备棉花种植比较优势。随着粮食作物机械化程度不断提高，棉花机械化难以有效提高、农业劳动力成本不断攀升的情况下，新疆棉区拥有相对生产优势，棉花生产成为该区农民脱贫致富、增加收入的重要源泉。从这个角度看，如果棉花技术进步步伐不能突破棉花生产局限，主要是棉花生产的“费时、费力、费工和费本”的“四费”特征，那么，可以预见，我国植棉面积（包括新疆棉区）将会进一步缩减。

第三节　我国棉花生产技术的发展

中国棉花生产之所以能够获得巨大的成就，主要源于适合中国棉情的前沿技术的不断进步，主要表现在棉花良种技术、耕种技术、栽培技术、田间管理技术、农机技术五大方面的科技支撑以及经营管理制度与扶持政策的完善①。

一、棉花优良品种科技进步方面

良种是促进棉花增长的内因。20 世纪 80 年代以来，随着种子繁育产业化，

① 该部分绝大多数数据主要来自毛树春主编的《中国棉花景气报告》（2002～2011）。

我国棉花品种改良取得了巨大进展，在棉花生产上发挥了重要作用。一般良种对棉花增产的贡献率在25%～30%（汪若海，2009）。

（一）我国棉花优势品种繁育取得了重大进展

从表3－1可以看出，我国棉花优势品种数量在不断增加，而且播种面积也在扩大，品种“多、乱、杂”有所收敛。2011年，我国棉花品种达到了567个，其中优势品种（系）有43个，品种包含了转基因抗虫棉、杂交棉、常规棉、优质专用棉和其他棉花品种（系）（毛树春，2010）。其中，常规棉是我国棉花种植的最大品种（系），占棉花播种面积的45.7%。

表3－1　2001～2011年我国各棉花品种（系）数量及其播种面积比重

单位：个，%

年份	品种数量	常规棉		杂交棉		转Bt抗虫棉		优质专用棉		其他	
		数量	面积占比	数量	面积占比	数量	面积占比	数量	面积占比	数量	面积占比
2003	210	97	48.40	41	15.8	12	22.3	10	3.1	50	10.4
2004	268	113	45.6	58	17.7	14	25.2	11	3.5	70	8
2005	355	143	41.5	94	33.6	20	29.8	16	3.5	82	4.8
2006	456	164	42.2	150	33.2	49	32.1	30	4	92	1.9
2007	471	144	39.7	157	30.8	34	34.1	34	4.8	128	4.7
2008	579	158	36.1	218	33.3	102	44.5	27	3	191	5.7
2009	474	136	60.6	187	13.9	114	38.1	10	2.7	125	18.9
2010	569	153	61.5	236	16.9	153	33.8	11	2.4	167	2.4
2011	567	154	45.7	258	17.6	191	33.9	13	1.3	79	6.1

资料来源：毛树春主编的《中国棉花生产景气报告》（2002～2011）。

其次是转基因抗虫棉和杂交棉。转基因棉花品种有191个，国育转基因棉基本代替了美国转基因棉，占棉花播种面积的33.9%；杂交棉的种植面积也在扩大，占播种面积的17.6%；优质专用棉花品种为13个，占播种面积的1.3%；

其他棉花品种减少了114.1%，占播种面积的6.1%。可见，这些优势品种棉花为我国棉花生产成本的降低、棉花质量的提升提供了强大的技术支撑。总体上看，2011年，我国棉花优势品种已经达到了44个系列，占播种面积的73%，但仍没有种植千万亩的品种。可见，我国品种数量虽然不断增加，但主导品种优势地位仍不明显。

从三大区域看，表3－2棉花种植品种具有明显的差异性。长江流域棉区棉种以杂交棉和抗虫棉为主，比重分别为71.2%和35.4%，常规棉比重为14%。黄河流域棉区则以常规棉和转基因抗虫棉为主，比重分别为43.8%和43%，其次杂交棉比重为28.5%。西北内陆棉区以常规棉为主，比重为69.2%，其次是杂交棉和转基因抗虫棉，比重分别为23.1%和22%。

表3－2　2011年我国三大棉花主产区各棉花品种（系）数量及其比重

单位：个,%

地域	品种总数	常规棉		杂交棉		转Bt抗虫棉		优质专用棉		其他	
		数量	比重	数量	比重	数量	比重	数量	比重	数量	比重
长江流域	271	38	14.0	193	71.2	96	35.4	7	2.6	33	12.2
黄河流域	235	103	43.8	67	28.5	101	43.0	2	0.9	22	9.4
西北内陆棉区	91	63	69.2	21	23.1	20	22.0	4	4.4	24	26.4

资料来源：毛树春主编的《中国棉花生产景气报告》（2002～2011）。

（二）我国棉种技术水平不断提升，其主要标志为毛子和光子用种比重有所上升，而包衣子比重有所下降

从图3－10可以看出，近10年来我国棉花生产使用的毛子比重不断下降，由2001年的44.1%下降到2011年的6.9%，下降幅度很大。而光子用种量的比重虽然有些反复，其中最低年度为2007年的8.3%，但是总体上处于上升趋势，由2001年的14.2%上升到2011年的20.7%。增加幅度最大的就是包衣子用种量比重，由2001年的41.7%增加到2011年的72.4%。

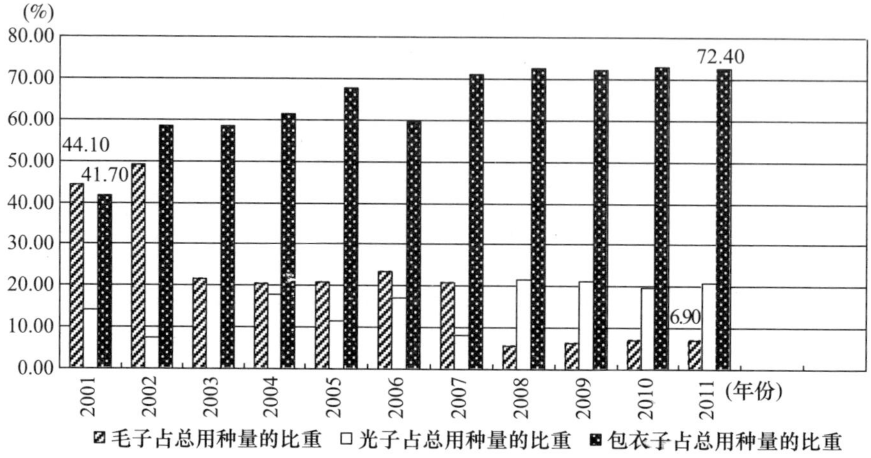

图 3－10　我国棉花种子技术水平变化情况

资料来源：毛树春主编的《中国棉花生产景气报告》（2002～2011）。

此外，从图 3－11 可以看出，经过多年的发展，三大棉花产区的种子技术水平差异性不是很大。长江流域棉区已有毛子、光子和包衣子比重较稳定，黄河流域棉区由先前的以毛子用种量为主，以包衣子用种量为主导地位的已经与西北内陆棉区一样。长江流域棉区、黄河流域棉区和新疆棉区包衣子占总用种量比重分别为 93.3%、62.5% 和 70.2%。可以看出，当前长江流域棉区的棉花种子技术水平相对高于其他两大棉花主产区。

二、棉花耕种技术

创新棉花耕种模式，提高农业复种指数。在粮食安全为第一要务、粮食机械化水平不断提高的压力下，我国棉花耕种模式自 20 世纪中后期起进行了两次较大的创新。一是黄河流域棉区的两熟制，二是长江流域的多熟制，使得 2011 年我国棉田面积占棉花总面积的 2/3，复种指数达到了 145%。尤其是长江流域的棉花复种指数高达 250%～300%。其中，棉田套种模式不断推进，占两熟面积的 87.1%，主要包括麦棉套种模式、油棉套种模式、蒜棉套种模式和葱棉套种模式及瓜类套棉模式。棉田连作占棉田面积的12.9%，主要指长江流域的油后棉以及黄河流域棉区的麦后移栽棉两种模式。棉田间作模式占棉田面积的10.5%，主要指新疆棉区中南疆地区的肥棉模式和果棉间作种植模式。依靠耕作制度改革，增加农民收益，稳定棉花播种面积，同时进行集约化种植，使得我国棉花增产效果较显著。

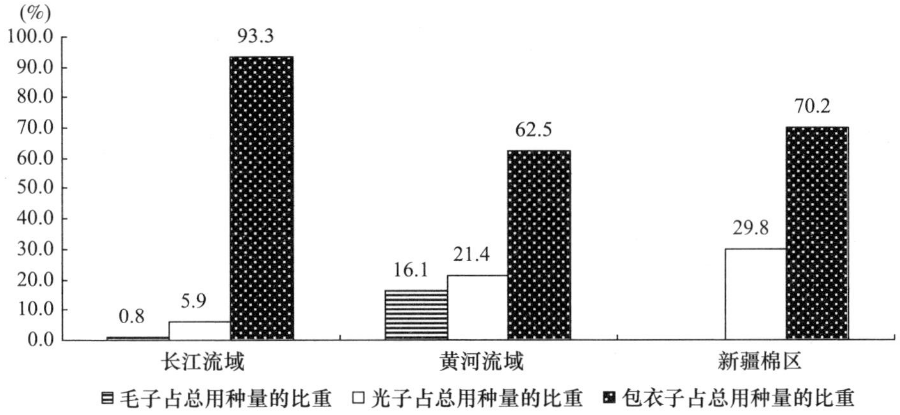

图3－11　我国三大棉花主产区的棉花种子技术水平

资料来源：毛树春主编的《中国棉花生产景气报告》(2011)。

但需要指出的是，新疆南疆棉区果棉间套呈快速发展态势，全南疆果棉间作已经突破500万亩，果棉争地矛盾十分突出。从当前看，果棉间套作模式不利于农机具作业，机械化程度大大降低，而且又缺乏相应的技术支撑，棉花生产劳动强度更大，生产效率较低，收益也低。从长远看，随着树冠长大，棉田从林果地退出是必然的，预计5～7年南疆地区有500万亩棉田都将退出果地，

三、棉花栽培技术

改进栽培技术。育苗移栽和地膜覆盖是我国棉花增产的两大关键技术。据估计，育苗移栽使得我国棉花增产15%～20%，地膜覆盖使得棉花增产15%～

20%。从图 3－12 可以看出，当前我国以地膜覆盖和育苗移栽为主，2011 年，全国育苗移栽占播种面积的 30.6%，地膜覆盖占播种面积的 66.9%，而大田直播栽培比重为 2.7%。

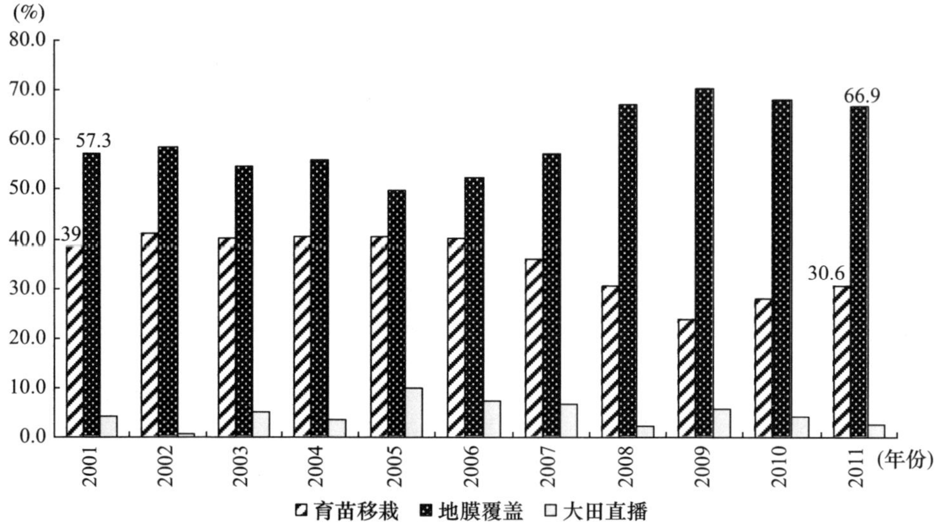

图 3－12　2001～2011 年中国棉花各种栽培模式所占棉花播种面积的比重

资料来源：毛树春主编的《中国棉花生产景气报告》（2002～2011）。

三大棉花主产区由于棉花生长的自然条件有差异，所以棉花主要栽培模式有一定的差异性。图 3－13 显示，我国长江流域棉区以育苗移栽栽培模式为主。因此，对于该地区最主要的栽培技术改革是实现工厂化育苗和育苗移栽的机械化。黄河流域棉区以地膜覆盖栽培模式为主，占棉花播种面积的 68.6%，但育苗移栽栽培模式的比重也有 25.4%。因此，对于黄河流域棉区，在棉花播种方面，栽培技术的改革主要体现在工厂化育苗、机械化移栽、地膜覆盖和地膜回收的机械化。新疆棉区或者西北内陆棉区，棉花栽培模式 100% 为地膜覆盖，那么，该区域栽培环节技术改革依旧在于地膜覆盖、地膜回收机械化。

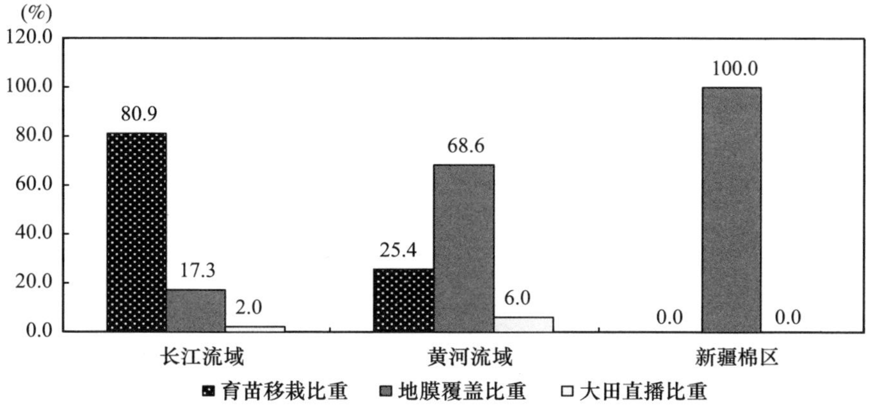

图 3－13 2011 年中国三大棉花主产区棉花各栽培模式占棉花播种面积比重的比较

资料来源：毛树春主编的《中国棉花生产景气报告》（2002～2011）。

四、棉田管理技术

改善棉田管理技术，提高技术效率。排灌技术、化学调控、测土配方施肥节肥技术以及排灌技术是我国棉花增产的重要技术。长江流域棉区与黄河流域棉区每年平均进行 2～3 次化学调控措施，西北内陆棉区每年平均进行 5～7 次，化学调控措施使得我国棉花平均增产 8%。测土配方施肥节肥技术在各个棉区已经开始推行，一方面能节约棉花生产成本；另一方面能提高棉花产出。排灌技术最明显的是新疆棉区滴灌技术的使用。2011 年，新疆新增棉花膜下滴灌面积约 175 万亩，棉花节水滴灌面积达到了 751 万亩，占全疆棉花总面积的 47%（陈章全，2012）①。

五、机械化农机技术

创新农机技术，提高我国棉花生产机械化水平，主要包括机械移栽技术、机

① 资料来源：陈章全．新疆棉花生产及市场趋势［EB/OL］．http：//www.moa.gov.cn/sjzz/scs/dongtai/201206/t20120629_2775009.htm。

械耕种技术以及机械采摘技术。目前，总体上看，机械耕种技术在全国基本普及。

机械化移栽技术在长江流域棉区和黄河流域棉区于2008年开始推行，主要在湖南、湖北、安徽、江西、江苏、河南、山东、河北和天津9省市进行示范。2011年，9个省市均安排了育苗移栽技术示范面积1万亩，共计9万亩轻简化育苗的示范任务。

机械化采摘技术主要是在新疆棉区的兵团团场应用，地州也于2008年开始推行。2011年，新疆棉花综合机械化率达到了76%，高于全国农业综合机械化率22%。其中，兵团棉花生产机械化率为84.6%，地方机械化率为72.1%，分别比2010年提高了4个百分点和2个百分点。2011年，全疆机械采棉种植模式的播种面积约500多万亩，占新疆总播种面积的20%左右。其中，兵团机械采棉种植模式面积为300多万亩，地方为200多万亩。2011年，新疆投入使用的采棉机共有1005台，均为兵团所拥有；机采棉加工生产线141条，也为兵团所有。机械采棉面积兵团为386万亩，占兵团棉花总播种面积的48.8%；地方机收面积120万余亩，占地方棉花总播种面积的8.9%。

六、棉花经营管理制度与扶持政策

在棉花经营管理制度方面，主要体现为棉花生产服务的集中化、规模化和产业化。集中体现为新疆建设兵团的"统一种植、统一管理、统一收购、统一销售和统一结算"的"五统一"经营管理模式、农业部推行的棉花"高产创建"示范片以及国家棉花产业技术体系实施的"千（公）斤"棉花示范片的棉花专项项目。

（一）新疆建设兵团经营管理体制

新疆兵团棉花种植面积占到新疆的1/3，产量占到全疆的45%左右。根据以上分析，可知新疆棉花单产水平已经遥遥领先于全国及其他棉花生产大省平均水平。新疆建设兵团由于其先进的棉花生产技术和管理制度，使得棉花平均单产达到每亩173千克，棉花的整体品质达到国际水平，部分棉花类型的品质达到国际先进水平。

（二）万亩棉花高产创建示范片和“千（公）斤”竞赛示范片项目

我国农业部于2009年启动了棉花高产创建示范片种植项目。2011年全国棉花高产创建区260片，每片区要求棉花种植连片面积1万亩。每个创建区均有专业技术负责人，落实五个“100%”技术措施，分别为“棉花良种统一供给率100%”、“测土配方施肥节肥技术采用率100%”、“病虫害专业化防治覆盖率100%”、“订单生产100%”以及“三丝含量达标率100%”。并且落实国家支持20万元。有效的管理模式使得我国棉花高产创建示范片的棉花单产水平平均125.9千克/亩，与当地非示范片相比，要高出20%~50%。

国家棉花产业技术体系启动了棉花“千（公）斤”示范片的创建，通过创建形成超高产集成技术方案。其中，2011年在全国三大棉花主产区的棉花生产大省共安排50个示范区。该项目以优势品种和轻简栽培为重点，使用体系培育的优势品种，统一供种；集成轻简化、机械化植棉技术，主要包括优势品种、基质育苗移栽、缓控释肥、合理密植、新型植物生长调节剂、综合防治。通过“四个结合”措施予以推进，分别为“以试验站为主题，与岗位科学家和农户紧密结合”、“品种、技术与经费支持相结合”、“培训、现场操作和经常性服务相结合”。棉花高产创建示范片的棉花单产水平平均为500千克/亩左右，要高于一般棉花单产水平的200~300千克/亩。

本章小结

中国的世界棉花生产大国地位不仅源于种植面积比重不断扩大，更为重要的是棉花单产的逐步提高。一方面，各种化肥、农药等生化物质要素以及机械投入的增加，使得土地单位面积产出增加；另一方面，农业基础设施条件完善、经营管理体制制度的改善也促使棉花生产技术效率提高。这些要素都被称为技术进步的作用力。正是因为棉花技术进步促进了中国棉花单产的提高，进而使得总产大幅增加。

进一步来讲，由于受自然资源条件、棉花比较收益和技术进步等多种因素的影响，棉花生产经过20世纪八九十年代两次大的调整，我国棉花主产区格局由南向北，再向西北新疆棉区变迁。新疆棉区已经成为我国最具竞争力优势棉花产区。这种优势不仅仅来源于新疆棉花播种面积的快速增加，更主要的是由于棉花技术进步推进新疆棉花单产水平不断攀升。同时，新疆棉区拥有兵团经营体制下的棉花生产的集中化和规模化以及新疆地方经营管理体制下的棉花分散经营两种经营管理制度。可见，新疆棉区是研究我国棉花技术进步作用及其影响因素的非常典型和重要的主产区。

第四章　中国棉花技术进步的作用及其源泉分解

中国生产增长的主要源泉在于棉花技术进步作用的推进，使得我国棉花单产水平不断增加，促使中国居于世界棉花生产大国行列。然而，近年来，由于我国棉花价格波动频繁，棉花物质生产资料成本不断上升，棉农种植意愿下降，导致中国棉花种植面积、棉花产出处于波动下降趋势。中国棉花供需缺口进一步扩大，棉花贸易进口依存度超过国际警戒线，我国棉花产业安全已经受到威胁。在粮食安全是第一要务、棉花种植面积难以扩大的现实条件之下，要稳定和提高中国棉花供给能力，唯一出路在于持续有效地提高我国棉花产出效率，即农业经济增长理论中所指的技术进步或者全要素生产率的不断提高。

那么，中国棉花技术进步增长的总体情况是怎样的？尤其是中国棉花生产分布广泛，从黄河流域到长江流域进而到西北边陲的西北内陆新疆棉区，三大棉花种植区域棉花技术进步率的增长源泉是否具有十分明显的地区差异？这些问题的剖析是促进中国棉花技术进步率增长的前提。因此，研究棉花技术进步及其构成，探求棉花技术进步率实现增长的途径，对于提高我国棉花供给能力，缓解棉花供需缺口压力，保障棉花产业安全，具有十分重要的现实意义。

第一节 计量模型与变量选择

一、技术进步测度方法

经济系统是一个具有多投入、多产出的复杂经济系统，数据包络分析（Data Envelopment Analysis，DEA）方法正是一种可以评价多投入、多产出的具有相同类型的若干个决策单元（DMU）相对效率比较的有效方法。DEA 分析方法首先是由运筹学家 A. Charnes 和 W. W. Cooper 等（1978）提出的。1985 年，他们和 B. Golany 等对该模型进行改进，提出了另一个评价相对效率的 C^2GS^2 模型。DEA 方法不直接对数据进行综合，因此，应用 DEA 方法建立模型前无须对数据进行无量纲化处理，也无须事先给定投入和产出指标之间的权重分布，避免了确定各指标的权重所带来的主观性。DEA 方法在评价部门间的经济相对有效性（规模和技术）时具有独特优势，并已在区域经济发展效率评价中得到应用，取得了很好的效果。

作为一种确定性前沿生产函数法，Malmquist 指数建立在距离函数之上，是用来测度全要素生产率变化的专门指数，是 Cave 等（1982）比照 Sten Malmquist（1953）的消费 Malmquist 指数构造的。随后，Charnes 等（1978）将 Malmquist 指数与 DEA 理论相结合，使得 DEA－Malmquist 指数法在全要素生产率测算中得到使用。尤其是 1994 年 Fare 等基于非参数的线性规划算法，通过 Shephard 距离函数（Distance Function）将全要素生产率分解为技术变动与效率变化，更加推进 Malmquist 生产率指数得以广泛应用。本章主要利用 Fare 等的思想来测度中国棉花近 21 年来的全要素生产率及其构成要素的变动情况。

根据 Fare 等（1994）的研究证明，用（x_t，y_t）、（x_{t+1}，y_{t+1}）分别表示 t 时期和 $t+1$ 时期的投入产出向量，用 D^t（x_t，y_t）表示以 t 时期技术为参照的 t 时

期的投入产出向量的距离函数，用 D_{t+1}（x_t，y_t）表示以 t 时期技术为参照的 $t+1$ 时期的投入产出向量的距离函数。类似地，用 D^t（x_{t+1}，y_{t+1}）表示以 $t+1$ 时期技术为参照的 t 时期的投入产出向量的距离函数，用 D^{t+1}（x_{t+1}，y_{t+1}）表示以 $t+1$时期技术为参照的 $t+1$ 时期的投入产出向量的距离函数。为避免时期选择的任意性所带来的计算差异，仿照 Fisher 指数的构造方法，Fare 等（1994）以两个时期技术 Malmquist 生产率指数的几何平均值，作为 Malmquist 生产率指数。

首先，当把技术设定为不变规模报酬时，莫氏生产率指数可以分解为前沿技术进步和技术效率变化两部分，即：

$$M_i(x_{t+1}, y_{t+1}, x_t, y_t) = \left[\frac{D^t(x_{t+1}, y_{t+1})}{D^t(x_t, y_t)} \times \frac{D^{t+1}(x_{t+1}, y_{t+1})}{D^{t+1}(x_t, y_t)}\right]^{\frac{1}{2}}$$

$$= \frac{D^{t+1}(x_{t+1}, y_{t+1})}{D^{t+1}(x_t, y_t)} \times \left[\frac{D^t(x_t, y_t)}{D^{t+1}(x_t, y_t)} \times \frac{D^t(x_{t+1}, y_{t+1})}{D^{t+1}(x_t, y_t)}\right]^{\frac{1}{2}} \tag{4-1}$$

式（4－1）中，前一项和后一项分别表示 t 时期到 $t+1$ 时期的技术效率变化（TEC）和前沿技术进步（TC）。决策单元的 Malmquist 指数大于 1，表示生产水平有所提高；小于 1，表示生产水平有所降低；等于 1，表示生产水平不变。

进一步，技术效率变化指数可以分解为纯技术效率变化指数和规模效率变化指数，则式（4－1）可以进一步分解为：

$$M_i(x_{t+1}, y_{t+1}, x_t, y_t) = \left[\frac{D^t(x_t, y_t)}{D^{t+1}(x_t, y_t)} \times \frac{D^{t+1}(x_{t+1}, y_{t+1}/VRS)}{D^t(x_t, y_t/VRS)}\right] \times$$

$$\left[\frac{D^t(x_t, y_t)}{D^{t+1}(x_t, y_t)} \times \frac{D^t(x_{t+1}, y_{t+1})}{D^{t+1}(x_t, y_t)}\right]^{\frac{1}{2}} \tag{4-2}$$

式（4－2）中第一项、第二项和第三项分别表示规模效率变化（SEC）、纯技术效率变化（PEC）和前沿技术进步（TC）。因此，全要素生产率可以分解为规模效率变化、纯技术效率变化和前沿技术进步三个构成要素。

二、变量选取和数据来源

根据近年来我国棉花投入产出效率变化的新趋向，考虑数据可获得性及可靠性，本章选取每亩主产品产量作为产出指标，每亩棉花机械作业费用、用工数量和其他直接物质费用投入作为投入指标。

利用河北、山东、河南、陕西、江西、江苏、安徽、浙江、湖北、湖南、新疆地方和新疆兵团 12 个棉花主产地区的 1990 ~ 2010 年的面板数据，测算和分解我国棉花生产 Malmquist 指数及技术进步率。原始数据均来自历年《中国统计年鉴》、《全国农产品成本收益资料汇编》和《新疆农牧产品成本收益资料汇编》。在实际计算中，由于 DEA 分析要求数据不能空缺，对于空缺数据采用以下处理方法。湖南省 2008 年数据空缺，用 2007 年和 2009 年的算术平均数代替；浙江省 2010 年数据空缺，用 2009 年的数据近似代替。而一些省区个别年度因为每亩棉花机械作业费用指标值很小而空缺，本章均用 0.01 这个估计值填补。对于化肥使用费用、机械作业费用以及其他直接物质费用三类指标分别用该年该地区农业生产资料价格指数进行平减，以 1990 年为基期。

第二节　估算结果与分析

本章使用 DEAP Version2.1 软件，基于产出导向的 Malmquist 指数法和规模报酬可变（VRS）的假设，运用前述介绍的模型及所收集的研究对象样本数据，对每个棉花主要生产省份在 1990 ~ 2010 年进行了逐年测量，整理后得到我国 12 个主要省份棉花生产 21 年间总要素生产率增长及其构成变化的情况。

一、全国层面的棉花全要素生产率变化分析

从中国棉花 TFP 值的变化看，如表 4 - 1 所示，1990 ~ 2010 年，中国棉花全要素生产率具有比较明显的阶段性波动特征，并且增长趋势不断减缓。总体上看，1990 ~ 2010 年 TFP 指数平均为 1.021。21 年间，棉花单位面积主产品产量的

平均增长率为2.81%，因此技术进步对棉花产出增长的贡献率为75.72%。

分阶段看，1990～1994年、1995～1999年、2000～2004年和2005～2010年四个阶段中，中国棉花TFP年均增长率分别为8.1%、5.2%、1.5%和－1.7%。可见，1990～2010年中国棉花全要素生产率虽然具有比较明显的阶段性波动特征，但总体上变化趋势小幅下降。

从棉花全要素生产率的构成看，根据表4－1和图4－1，21年间，中国棉花全要素生产率变动与技术进步有着十分紧密的联系，技术进步增则全要素生产率增，反之，则下降。相反，技术效率对中国棉花全要素生产率作用力更多呈现出反方向作用的关系。总体上看，1990～2010年中国棉花前沿技术进步以年均3.9%的上扬力量提升棉花全要生产率增长，但技术效率以年均－1.7%的下拉反作用力，使得21年间中国棉花TFP年均增长率为2.1%。其中，前沿技术进步对棉花全要素生产率的平均贡献率为182.2%，而技术效率对其贡献率为－79.59%。可见，前沿技术进步是我国棉花全要素生产率提高的核心动力，而技术效率低下则是主要的制约因素。

表4－1　中国棉花TFP增长指数及其构成变化

年份	TC	TEC	PEC	SEC	TFP
1991	1.728	0.662	0.774	0.855	1.144
1992	0.531	1.149	1.122	1.024	0.610
1993	1.209	1.012	1.041	0.972	1.223
1994	0.825	1.094	1.034	1.058	0.902
1990～1994平均①	1.199	0.902	0.941	0.958	1.081
1995	1.086	0.998	1.002	0.996	1.084
1996	1.148	0.822	0.858	0.959	0.944
1997	0.880	1.277	1.149	1.111	1.124
1998	1.379	0.729	1.018	0.717	1.006
1999	0.923	1.204	0.990	1.217	1.112

① 由于1992年是我国棉铃虫灾害最严重的年度，许多棉区棉花减产一半左右，进而使得棉花TFP指数也陡然下降，直接导致1992年TFP下降了39%。考虑到这个原因，在1990～1994年的各项指标数值都是省略1992年异常变动值后的其余年度的几何平均值。

续表

年份	TC	TEC	PEC	SEC	TFP
1995～1999 平均	1.069	0.983	0.999	0.985	1.052
2000	0.963	1.122	1.057	1.062	1.080
2001	0.981	1.113	1.037	1.073	1.091
2002	1.013	0.991	0.960	1.031	1.004
2003	0.789	0.998	0.975	1.024	0.788
2004	1.429	0.816	0.975	0.838	1.167
2000～2004 平均	1.015	1.002	1.000	1.002	1.017
2005	1.068	0.928	0.955	0.972	0.991
2006	0.982	1.065	1.001	1.065	1.046
2007	1.014	0.991	1.022	0.970	1.005
2008	1.116	0.982	0.999	0.983	1.096
2009	0.643	1.126	1.007	1.118	0.724
2010	1.115	0.985	1.020	0.965	1.098
2005～2010 平均	0.973	1.011	1.000	1.011	0.984
1990～2010 均值	1.039	0.983	0.989	0.995	1.021

注：TFP 表示曼奎斯特生产率指数，即全要素生产率；TC 表示技术进步指数；TEC 表示技术效率增进指数；PEC 表示纯技术效率增进指数；SEC 表示规模效率增进指数；各年度间的平均值是指该年度区间的几何平均值。

资料来源：根据《全国农产品成本收益资料汇编》和《新疆农牧产品成本收益资料汇编》相关各年数据计算所得。

分阶段看，1990～1994 年、1995～1999 年、2000～2004 年和 2005～2010 年四个阶段中，前沿技术进步率分别为 19.9%、6.9%、1.5% 和 -2.7%，对 TFP 的贡献率为 246.7%、133.6%、90.2%、-165.8%；技术效率年均增长率为 -9.8%、-1.7%、0.2%、1.1%，对 TFP 的贡献率分别为 -121%、-32.2%、9.18% 和 67.58%。可见，虽然前沿技术进步是我国棉花技术进步率提升的主要推动力，但因为近年来棉花技术进步缺乏创新，导致前沿技术进步对棉花全要素生产率的促进作用越来越乏力；相反，由于棉农植棉经验增加，技术效率却有增加的趋势。

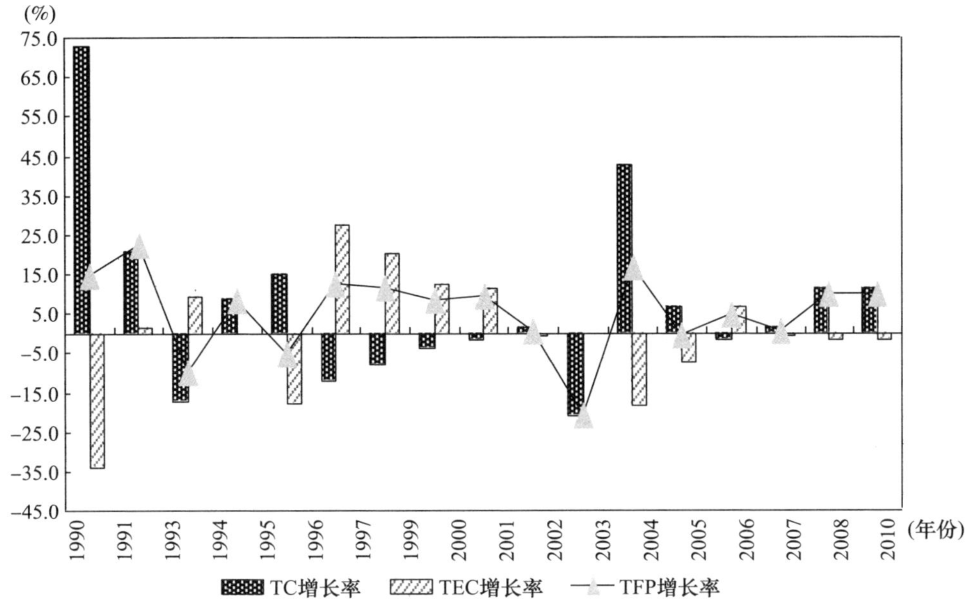

图 4-1 1990~2010 年中国棉花 TFP 增长及其构成的动态变化

资料来源：根据《全国农产品成本收益资料汇编》和《新疆农牧产品成本收益资料汇编》相关各年数据计算所得。

进一步分析技术效率的构成变动，图 4-2 显示，21 年间，中国棉花技术效率损失严重，其主要原因在于棉花生产纯技术效率和规模效率都处于偏低状态，两个指数的估计值往往都为负数。总体上看，21 年间，纯技术效率和规模效率分别增长了 -1.1% 和 -0.5。分阶段看，1990~1994 年、1995~1999 年、2000~2004 年和 2005~2010 年四个阶段中，纯技术效率的年均增长了 -5.9%、-0.09%、0.01% 和 0.04%，对 TFP 贡献率分别为 -73.2%、-1.73%、0.36% 和 2.6%；规模效率年均增长 -4.2%、-1.53%、0.16% 和 1.05%，对全要素生产率的贡献率分别为 -52.01%、-29.52%、9.57% 和 65.77%。

可见，棉花生产技术效率损失严重是中国棉花 TFP 增长的主要障碍，而纯技术效率损失和规模效率损失相互交织是导致这一结果的重要原因。而且，在这两种因素中，纯技术效率相对于规模效率而言，损失程度更严重。因此，在中国现有的棉花生产技术水平下，棉花生产技术效率还有较大的提高潜力。

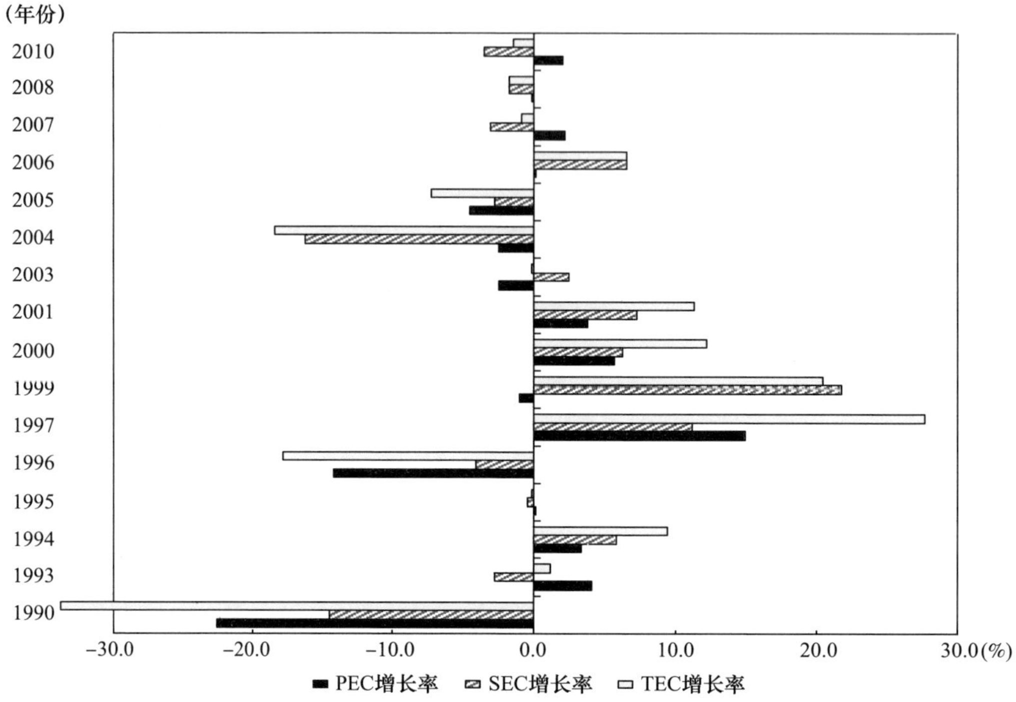

图 4－2　1990～2010 年中国棉花技术效率增长率及其构成的动态变化

资料来源：根据《全国农产品成本收益资料汇编》和《新疆农牧产品成本收益资料汇编》相关各年数据计算所得。

结合以上分析，我们得知，要想保持我国棉花全要素生产率增长，一方面，重视我国棉花前沿技术进步的强大作用，在棉花育种、栽培和管理方式方面进行积极创新；另一方面，不可忽视我国棉农技术效率的提高、棉花技术推广，尤其要正视我国棉花种植规模小问题。

二、棉花全要素生产率及其构成的地区差异分析

表 4－2 反映了 1990～2010 年中国 12 个棉花主产省和三大棉花主产区的棉花全要素生产率的增长及其构成变化的总体平均水平。

表 4-2 1990~2010 年中国棉花主产省区棉花 TFP 增长指数及构成变化

区域	TC	TEC	PEC	SEC	TFP	TFP 排序
河北	1.036	0.991	0.997	0.993	1.026	4
山东	1.027	0.988	1.000	0.988	1.014	5
河南	1.020	0.986	0.992	0.993	1.006	7
陕西	1.003	0.977	0.980	0.998	0.980	10
黄河流域棉区	1.021	0.985	0.992	0.993	1.006	—
江苏	1.034	0.993	1.006	0.987	1.027	3
浙江	0.955	1.000	1.000	1.000	0.955	11
安徽	1.020	0.987	0.993	0.994	1.007	6
江西	0.944	0.990	1.000	0.990	0.935	12
湖北	1.011	0.979	0.991	0.988	0.990	8
湖南	1.039	1.003	1.000	1.003	1.042	1
长江流域棉区	1.000	0.992	0.998	0.994	0.992	—
新疆地方	0.984	0.998	1.000	0.998	0.982	9
新疆建设兵团	1.028	1.000	1.000	1.000	1.028	2
新疆棉区	1.006	0.999	1.000	0.999	1.005	—

资料来源：根据《全国农产品成本收益资料汇编》和《新疆农牧产品成本收益资料汇编》相关各年数据计算。

从棉花 TFP 增长看，21 年间，中国 12 个棉花主产区中陕西、江西、湖北、浙江、新疆地方出现了负增长，其他 7 个主产区实现了正增长。其中，湖南省的棉花 TFP 值最高，TFP 年均增长 4.2%，其次是新疆生产建设兵团和江苏省；棉花 TFP 值增长最慢的是江西省、浙江省和陕西省，三省的棉花 TFP 值年均下降 6.5%、4.5% 和 2%。按照三大棉花种植区域看，长江棉区的棉花 TFP 处于负增长状态，而黄河流域与新疆流域的棉花 TFP 实现了正增长。其中，黄河流域棉花 TFP 增长最快，年均增长 0.6%；新疆棉区次之，年均增长 0.5%，而长江流域棉区表现最差，年均下降 0.8%。不过三大棉花种植区域的 TFP 值增长幅度都小于全国平均水平。

从棉花 TFP 构成看，21 年间，棉花前沿技术进步率方面，除了浙江、江西和新疆地方处于负增长状态外，其余棉花主产区都为正增长。其中，棉花前沿技术进步率最高的是湖南省，前沿技术进步指数增加了3.9%，其次是河北省、江苏省和新疆建设兵团，前沿技术进步率年均增加了3.6%、3.4%和2.8%。

综合技术效率方面，只有湖南省为正增长，技术效率增加了0.3%，新疆建设兵团和浙江省几乎没有增长，其余9个棉花主产区都为负增长状态。纯技术效率方面江苏省最高，增加了0.6%，山东、浙江、江西、湖南、新疆地方、新疆建设兵团的棉农纯技术效率增长几乎为零，其余5个省份为负增长。规模效率方面，只有湖南省增加了，年均增长0.3%，而浙江和新疆建设兵团次之，但几乎没有太大增长，其余9个棉花主产地棉花规模效率都是负增长。

按三大棉花种植区域看，前沿技术进步率最高的为黄河流域，年均增加了2.1%，其次是新疆棉区，增加了0.6%，最后是长江流域棉区，增加幅度为零；技术效率都为负值；纯技术效率方面新疆棉区年度增长率为零，黄河流域和长江流域为负数；规模效率的年度增长率也均为负数。

表4-3和表4-4给出了中国12个棉花主产地和三大棉区在1990~2010年的每五个年度内的TFP综合效率（含前沿技术进步、技术效率、纯技术效率和规模效率）的变化动态。结果显示，棉花主产区之间棉花全要素生产率及其各个构成要素的增长速度差异很大。

表4-3　1991~1994年和1995~1999年两时期中国棉花主产区TFP总增长及构成的变化

区域	1991~1994年					1995~1999年				
	TC	TEC	PEC	SEC	TFP	TEC	EFC	PEC	SEC	TFP
河北	1.003	0.912	0.918	0.994	0.915	1.125	1.021	1.047	0.975	1.150
山东	0.978	0.938	0.993	0.945	0.917	1.069	1.014	1.022	0.992	1.084
河南	0.970	0.952	0.969	0.982	0.923	1.037	1.040	1.026	1.014	1.078
陕西	0.944	0.871	0.896	0.972	0.823	1.042	1.139	1.098	1.037	1.187
黄河流域棉区	0.973	0.918	0.943	0.973	0.893	1.068	1.052	1.048	1.004	1.124
江苏	1.025	1.002	1.032	0.971	1.027	1.102	0.936	0.959	0.975	1.031

续表

区域	1991～1994年					1995～1999年				
	TC	TEC	PEC	SEC	TFP	TEC	EFC	PEC	SEC	TFP
浙江	0.988	1.000	1.000	1.000	0.988	1.047	1.000	1.000	1.000	1.047
安徽	1.020	0.982	1.000	0.982	1.002	1.007	0.932	0.938	0.994	0.939
江西	0.930	0.922	1.000	0.922	0.858	1.168	0.941	1.000	0.941	1.099
湖北	0.974	0.961	1.000	0.961	0.936	1.066	0.909	0.958	0.950	0.969
湖南	0.978	0.964	1.001	0.963	0.943	1.079	0.895	0.952	0.940	0.966
长江流域棉区	0.985	0.972	1.005	0.966	0.957	1.077	0.935	0.967	0.966	1.007
新疆地方	0.936	1.000	1.000	1.000	0.936	1.031	1.000	1.000	1.000	1.031
新疆建设兵团	0.998	1.000	1.000	1.000	0.998	1.068	1.000	1.000	1.000	1.068
新疆棉区	0.967	1.000	1.000	1.000	0.967	1.049	1.000	1.000	1.000	1.049

资料来源：根据《全国农产品成本收益资料汇编》和《新疆农牧产品成本收益资料汇编》相关各年数据计算。

表4－4　2000～2004年和2005～2010年两时期中国棉花主产区TFP总增长及构成的动态变化

区域	2000～2004年					2005～2010年				
	TC	TEC	PEC	SEC	TFP	TC	TEC	PEC	SEC	TFP
河北	1.004	0.982	0.954	1.030	0.986	1.015	1.028	1.050	0.979	1.043
山东	1.044	0.989	0.970	1.019	1.032	1.013	0.999	1.010	0.988	1.011
河南	1.089	0.921	1.000	0.921	1.003	0.987	1.020	0.975	1.046	1.006
陕西	1.024	0.950	0.972	0.978	0.973	0.993	0.952	0.952	1.000	0.945
黄河流域棉区	1.040	0.960	0.974	0.986	0.998	1.002	0.999	0.996	1.003	1.001
江苏	1.021	1.044	1.042	1.002	1.066	0.997	0.995	1.000	0.995	0.992
浙江	1.040	1.000	1.000	1.000	1.040	0.806	1.000	1.000	1.000	0.806
安徽	1.072	1.017	1.034	0.983	1.090	0.989	1.013	1.002	1.011	1.002
江西	0.934	1.041	1.000	1.041	0.972	0.806	1.039	1.000	1.039	0.837
湖北	1.001	1.039	1.004	1.035	1.040	1.001	1.003	1.002	1.002	1.005
湖南	0.982	1.091	1.050	1.038	1.071	1.099	1.057	1.000	1.057	1.161
长江流域棉区	1.007	1.038	1.022	1.016	1.046	0.943	1.018	1.001	1.017	0.960
新疆地方	0.980	0.958	0.979	0.979	0.939	0.983	1.029	1.018	1.011	1.011
新疆建设兵团	1.002	1.000	1.000	1.000	1.002	1.039	1.000	1.000	1.000	1.039
新疆棉区	0.991	0.979	0.990	0.989	0.970	1.011	1.014	1.009	1.005	1.025

资料来源：根据《全国农产品成本收益资料汇编》和《新疆农牧产品成本收益资料汇编》相关各年数据。

（1）1991～1994 年，我国棉花主产地出现了大范围的负增长。该时期中国 12 个棉花主产地仅江苏省和安徽省的棉花全要素生产率的增长为正，其余均下降。其中，江苏省棉花 TFP 年均增长率达到了 2.7%，主要来源于前沿技术进步和综合技术效率的双增长（技术进步年均增长了 2.5%、技术效率年均增加了 2%），而增长最低的陕西省的棉花 TFP 下降了 17.7%，主要是前沿技术进步下降了 5.6%、技术效率下降了 12.9%。三大棉花种植区域之间的 TFP 增长状况是新疆棉区、长江流域棉区和黄河流域棉区呈梯级下降，棉花 TFP 分别下降了 3.3%、4.3% 和 10.7%。进一步分析，棉花主产区域的 TFP 值下降的引致因素不同。长江流域主要原因在于技术效率中的规模效率下降了 3.4%、前沿技术进步率下降了 2.8%，而纯技术效率又提升了 0.5%，使得长江流域棉花 TFP 值年均下降了 4.3%。新疆棉区棉花生产的技术进步下降了 3.3%，直接导致其 TFP 年均下降了 3.3%。黄河流域棉区的棉花纯技术效率下降了 5.7%、规模效率下降了 2.7%、前沿技术进步率下降了 2.7%，三方力量均下降直接引致黄河流域棉区棉花 TFP 值下降了 10.7%。可见，前沿技术进步率和技术效率双下降是直接导致我国各个棉花主产区棉花全要素生产率大范围下降的主要因素，而且地区差异不明显。

（2）1995～1999 年，我国棉花主产地出现了大范围的快速增长。中国 12 个棉花主产地除了安徽、湖北和湖南 3 省外，9 个棉花主产地的棉花 TFP 值有了显著增长。尤其是黄河流域棉区的棉花 TFP 增长幅度显著大于其他两个棉花种植区域，是中国棉花生产的最重要基地，这一结果主要来自前沿技术进步率和技术效率的双增长。另外，新疆棉区棉花生产管理前沿技术进步率增长了 4.9%，直接导致棉花 TFP 值增加了 4.9%。而长江流域棉区各省份的棉花 TFP 表现不是很好，虽然前沿技术进步率都处于增长状态，年均增长 7.7%，但因棉花种植管理技术效率差，年均下降了 6.5%，使得棉花 TFP 年均增长只有 0.7%。可见，前沿技术进步率明显增长是导致我国各个棉花主产区棉花全要素生产率大幅增加的主要推动因素，而技术效率的高低则成为影响棉花主产区 TFP 增长的地区差异的主要因素。

（3）2000～2004 年，我国棉花主产地基本进入了徘徊下降时期。从棉花 TFP 的增长看，下降幅度最大依次是新疆地方、江西省、陕西省和河北省。其中，新疆地方棉花 TFP 年均下降了 6.1%，主要原因在于技术效率下降了 4.2%，前沿技术进步率下降了 2%。棉花 TFP 增长幅度最大的是安徽、湖南、江苏、浙江以及湖北省，均在长江流域棉区。可见，2000～2004 年，长江流域棉区的棉花全要素生产率表现突出，出现了技术效率和前沿技术进步率同时增长的态势。长江流域棉区的棉花因为前沿技术进步率年均增长了 0.7%、技术效率年均增长了 3.8%，使得 TFP 年均增长了 4.6%。而黄河流域和新疆棉区技术效率为负增长，尤其是新疆棉区的前沿技术进步率也是负增长，从而使得黄河流域棉花 TFP 年均下降了 0.2%，新疆棉区棉花 TFP 年均下降了 3%。不难发现，该时期前沿技术进步率是导致棉花全要素生产率下降的主要因素，而技术效率的高低是导致棉花全要素生产率地区差异的主要因素。

（4）2005～2010 年，棉花主产区又波动回升。陕西、江苏、浙江和江西 4 省的棉花 TFP 出现负增长，而其余 8 个主产地的棉花均为正增长。其中，湖南省的棉花 TFP 年均增长了 16.1%，其次是河北省 4.3% 和新疆建设兵团 3.9%。从棉花全要素生产率增长的来源看，湖南省主要来源于前沿技术进步率的 9.9% 和规模效率的 5.7%；河北省主要来源于前沿技术进步率的 1.5% 和纯技术效率的 5%；而新疆建设兵团主要来自前沿技术进步率的 3.9%。棉花 TFP 下降最严重的是浙江省和江西省，TFP 年均下降了 19.4% 和 16.3%。从棉花全要素生产率下降的主要制约因素看，两省都是源于棉花前沿技术进步率的大幅下降，浙江省年均下降了 19.4%，江西省年均下降了 19.4%。从三大棉区看，黄河流域棉区和新疆棉区的 TFP 值大于 1，而长江流域棉区的 TFP 值小于 1。其主要原因在于黄河流域和新疆棉区的前沿技术进步率要大于长江流域。可见，第四阶段中前沿技术进步率是影响我国棉花全要素生产率地区差异的主要因素。

本章小结

本章使用中国12个棉花主产区的1990～2010年的面板数据，利用DEA－Malmquist指数方法，对中国棉花生产TFP增长、前沿技术进步率与技术效率增长率进行了全面的实证剖析，并重点对棉花主产区之间的地区差异进行了对比研究。根据实证分析结果可以得出以下结论。

（1）纵观21年中，中国棉花全要素生产率的变化，一个总体趋势是，第一时期大幅下降，第二时期大幅增长，第三时期徘徊下降，第四时期小幅回升。每次波动都可以发现前沿技术进步的重要力量。棉花全要素生产率与前沿技术进步率如影随形，棉花前沿技术进步率始终左右着全国、三大棉花主产区域以及12个棉花主产地棉花TFP波动的趋势。正如20世纪八九十年代我国棉花在育种、栽培等各领域取得了许多重大突破，前沿技术进步率和TFP值增长都很快。最为明显的是20世纪90年代末转基因抗虫棉的推广使用，使得1995～1999年成为21年来我国棉花TFP和前沿技术进步率提高最快的时期。之后，由于缺乏新技术支撑，前沿技术进步率对棉花全要素生产率贡献逐渐减弱，甚至当期个别地区和全国全面呈现出棉花TFP和前沿技术进步率的负增长。可见，前沿技术进步率下降已经成为当前中国棉花全要素生产率提高的瓶颈因素。因此，国家要进一步加大对棉花技术研发力度，力争在棉花病虫害防治技术、机械化采摘技术、节水灌溉技术以及经营方式、优惠政策等各方面实现新的突破，推进中国棉花前沿技术进步率向新的领域和新的台阶迈进。

（2）多数时期，技术效率增长与中国棉花TFP增长变化呈现出背离的状态。在21世纪前，技术效率一直扮演着负面作用的角色，是我国棉花全要素生产率增长的制约因素。并且技术效率低下是因为纯技术效率与规模效率双重损失交织的结果，而且总体上看，纯技术效率比规模效率的损失更加严重。进入 21 世纪后，随着前沿技术进步率减弱，棉农种植经验增加，技术效率尤其是纯技术效率不断提升，技术效率对中国及各个棉花主产地棉花全要素生产率制约作用减弱，甚至在某些年度成为提升 TFP 增长率的主要动力。

深入分析后得知，当前技术效率的提高是当前前沿技术进步率约束条件下的正增长。一旦出现新的棉花种植管理技术，纯技术效率与规模效率损失交织而导致棉农技术效率低下的滞后性会凸显出来。可见，无论什么时候都要重视完善棉花技术推广体系，加强棉农的科学施肥、施药、节水灌溉等技术培训，提高技术效率，使得技术效率成为迎接我国棉花新技术创新的促进因素。棉花种植天然具有劳动密集型生产特性，在当前劳动力机会成本不断上升的时代背景下，不可忽视规模效率实质低下的现实情况。因此，需要对棉花经营方式进行创新，提高棉花经营规模。

（3）从棉花 TFP 增长的区域特征可以看出，三大棉区经历了从齐头并进到逐渐分化的过程。在 20 世纪 90 年代初三大棉区棉花 TFP 增长均处于负增长的艰难阶段；自此以后，三大棉区棉花 TFP 增长中心区域开始分化，基本是沿着黄河流域棉区、长江流域棉区到新疆棉区依次转换。尤其是进入 21 世纪后，长江流域棉区除了湖南省外，与黄河流域和新疆棉区形成鲜明对比，棉花 TFP 处于倒退状态。这说明，中国棉花全要素生产率增长状态与棉花种植中心转移密切相关，表现出空间差异的同时也显现出空间集聚特性。要求我国政府要更加重视优势棉区的规划，适当推出有地区差异的棉花促进发展政策。

第五章 生产要素报酬差异与中国棉花技术进步趋向

技术进步是中国棉花生产持续增长的根本，而前沿技术进步是中国棉花技术进步的动力源泉。那么，中国棉花技术进步的方向是什么？弄清这一问题是适时适度推进我国棉花生产增长方式转变的基础和前提，也是制定不断提升我国棉花增长能力相关政策的基本依据。农业产出是各种投入要素综合转化的结果，生产要素配置结构变化内生着技术进步。生产要素变动、结构转化内生技术进步，是农业生产技术变动和发展方向的反映，必然引起农业生产增长方式的变迁。各种投入要素的相对稀缺性和贡献效益变动标识着农业技术进步发展方向。因此，本章着眼于生产要素配置结构变化趋势，并通过计量分析模型，测算各个生产要素报酬之间差异。在此实证研究基础上，把握我国棉花技术进步的宏观方向。

第一节 中国棉花生产要素配置结构变动特征

农业生产投入要素主要包括土地、劳动力和物质投入三类。其中，物质投入在农业投入中所占比重较大且种类较多，如种子、化肥、农药、地膜、畜力费、机械、灌溉和期间费用等。本部分首先从土地、劳动力和物质投入三大要素层面上进行分析，然后有针对性地对物质投入要素进行深入剖析。农业产出是各种投入要素综合转化的结果，生产要素配置结构变化内生着技术进步。生产要素变动、结构转化内生技术进步，是农业生产技术变动和发展方向的反映，必然引起农业生产增长方式的变迁。根据我国棉花生产要素配置现状及其演变趋势，可以比较直观地把握我国棉花技术进步方式。

一、三大传统投入要素的变动

从土地、劳动力和物质成本最基本三大传统生产要素出发，考察中国棉花生产要素投入结构变化的特征。根据第三章关于我国棉花播种面积的时序变化的分析，我国棉花播种面积增加幅度很小，而且有下降的趋势。下面分析棉花劳动力和物质要素投入的变化。

（一）棉花劳动力投入

棉花种植具有劳动密集型农作物特性，棉花从育苗、播种、打顶、病虫害防治、灌溉到采收等每个生产环节都具有“耗时、耗力、耗工”特点。图 5－1 反映出，改革开放以来，我国棉花劳动力投入变化呈现出两个明显特征：一是棉花劳动力投入数量下降，二是人工投入成本不断攀升。

首先，我国棉花劳动投入数量由 1978 年的 60.5 人/亩下降到 2010 年的 21.82 人/亩，下降幅度很大，年均以 2.8% 的速度下降。分阶段看，20 世纪 80 年代，由 1980 年的 52.5 人/亩减少到 1989 年的 40.5 人/亩，10 年间以 2.6% 的速度减少。20 世纪 90 年代由 1990 年的 44.26 人/亩下降到 1999 年的 30.23 人/亩，以 2.2% 的速度下降。21 世纪前 11 年，由 2000 年的 29.1 人/亩下降到 2010 年的 21.82 人/亩，平均以 2.8% 的速度下降。我国棉花劳动力投入的下降，说明随着棉花品种改良、管理技术技能和机械化程度的不断提高，棉花生产更加轻简化，棉花劳动生产率取得了很大的提高，这是我国棉花技术进步的具体体现。

其次，我国棉花劳动力成本并没有随着劳动数量减少而下降，相反，随着农

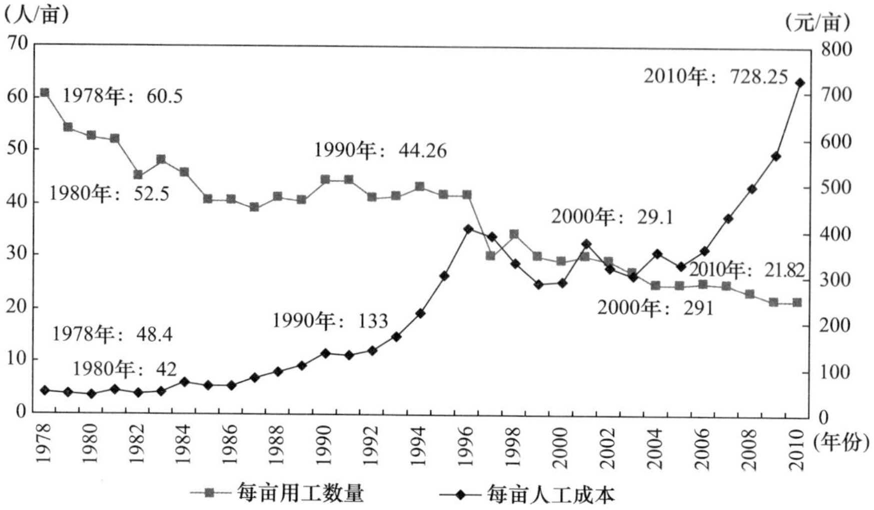

图 5-1　改革开放以来我国棉花劳动力投入的变化情况

资料来源：历年《全国农产品成本收益资料汇编》。

业劳动力稀缺程度提高而不断攀升。改革开放以来，我国棉花劳动力成本已经由 1978 年的 48.4 元/亩，一路攀升到了 2010 年的 728.3 元/亩，增加幅度为 1404%，年均增长率为 10.2%。分阶段看，我国棉花人工成本在 20 世纪 80 年代末突破了百元/亩大关，1989 年每亩棉花的人工成本增到 105.3 元/亩。进入 90 年代，10 年间以 9.9% 的速度增加，到 1996 年已经达到了 405 元/亩；但随后几年又开始下降。进入 21 世纪后，我国棉花成本逐年以较大幅度增加，从 2000 年的 291 元/亩，以年均 9.7% 的速度增加，到 2010 年已经增加到 728.3 元/亩。在棉花劳动费用中主要是雇工费用，尤其是棉花采摘费用连年增加。采摘费用黄河流域和长江流域棉区为 150～200 元/亩，新疆兵团和种棉大户为 400～500 元/亩，新疆地方为 200～300 元/亩。全国平均的棉花采摘雇工费用 2003 年为 0.6 元/千克，2008～2010 年上涨到 1.2～1.4 元/千克，上涨幅度达到80%～100%①。

（二）棉花物质要素投入

从总量看，图 5-2 反映出，我国棉花生产的物质投入水平保持了上升的趋

① 资料来源：毛树春主编的《中国棉花景气报告》(2009，2010)。

势。改革开放以来，由1978年的37.58元/亩上升到2010年的554.5元/亩，年均增长率为9.4%，在总成本中的比重波动减少。其中，1980～1989年，每亩棉花物质投入费用由1980年的43.43元/亩增加到99.58元/亩，平均水平为61.1元/亩，年均增长率为9.8%。在总成本中的比重由51%下降到49%，年均增长速度为-0.4%。1990～1999年，我国棉花每亩物质费用投入由1990年的112元/亩增加到1999年的233.81元/亩，年均增长率为9.6%，在总成本中的比重平均值为43.1%。2000～2010年，我国棉花物质费用投入从226元/亩增加到554.5元/亩，年均增长率为9.0%，在总成本中比重平均水平为43.5%。可见，我国棉花物质费用投入总量保持了较高水平的增长，但总成本比重相对于人工成本比重的增加，近年来有所下降。

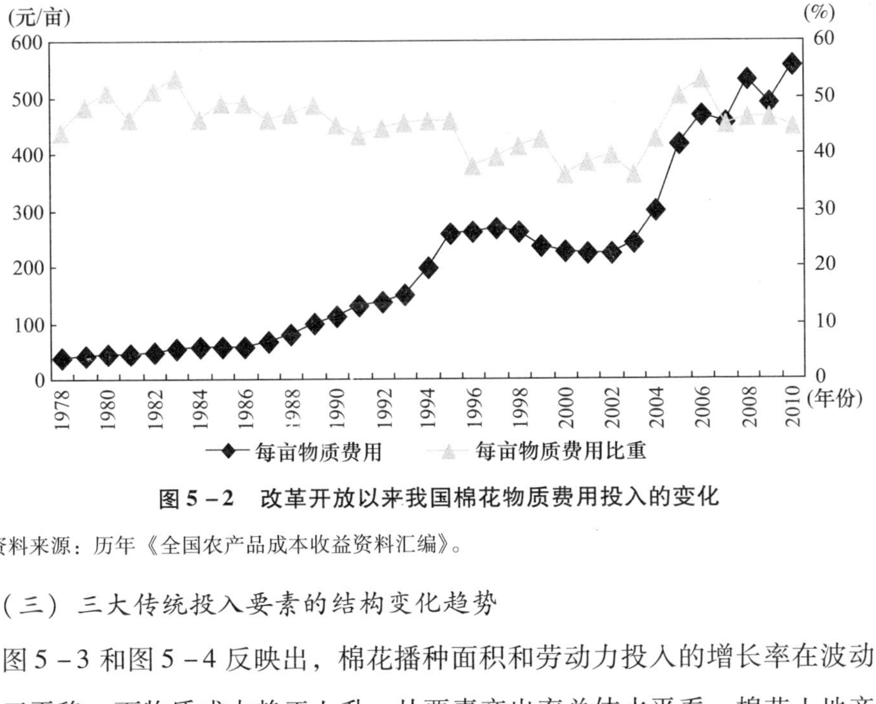

图5-2　改革开放以来我国棉花物质费用投入的变化

资料来源：历年《全国农产品成本收益资料汇编》。

（三）三大传统投入要素的结构变化趋势

图5-3和图5-4反映出，棉花播种面积和劳动力投入的增长率在波动下降中趋于平稳，而物质成本趋于上升。从要素产出率总体水平看，棉花土地产出率和劳动生产率基本处于较稳定的增长趋势，而物质费用产出率[①]基本处于不断下

① 农业不同于工业，农业固定资本较少，农业生产过程中更多的是物质费用投入。

降态势。其中，土地产出率和劳动产出率年均增长率为6.63%和3.05%，而物质费用的年均增长率为-5.19%。但是，如果从时间变化趋势看，实际上最近几年，三大要素生产率的增长率均趋于下降态势。

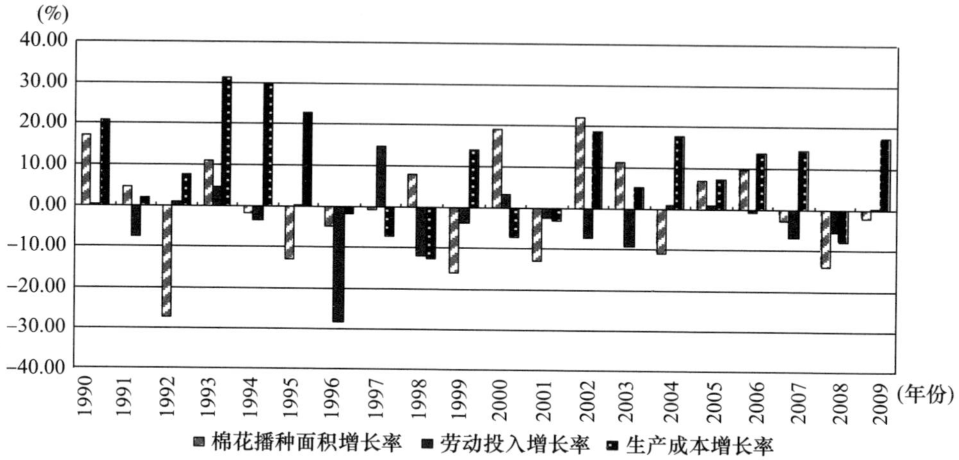

图5-3　1990~2010年中国棉花播种面积、劳动投入和生产成本投入增长率的变化

资料来源：根据《全国农产品成本收益资料汇编》和《中国统计年鉴》相关各年数据计算所得。

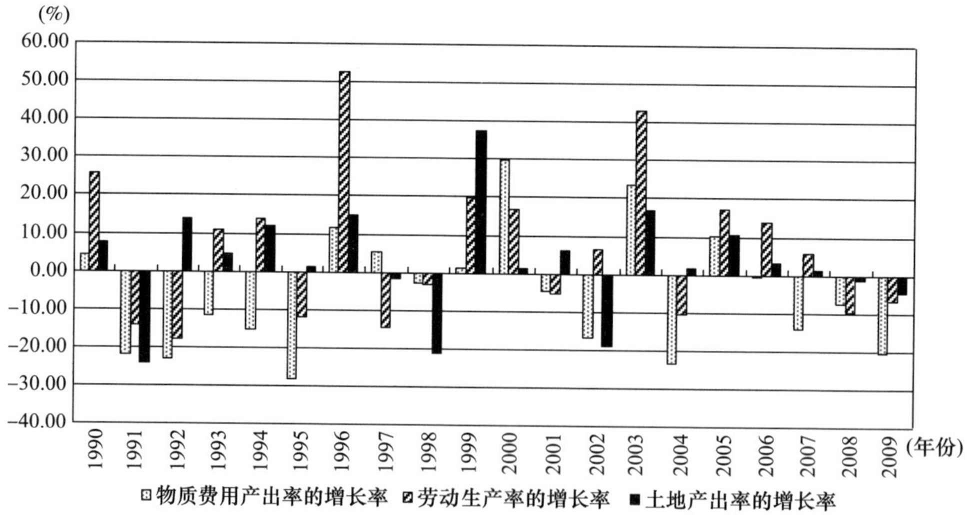

图5-4　1990~2010年中国棉花播种面积、劳动投入和生产成本投入产出率的增长率的变化

资料来源：根据历年《全国农产品成本收益资料汇编》和《新疆农牧产品成本收益资料汇编》数据计算所得。

我国棉花单产和劳动生产率不断提升，而棉花播种面积增加很少，劳动投入又不断下降。这说明了，一方面，我国棉花增长并不是来源于要素投入的积累，更多地来源于技术进步；另一方面，我国棉花生产技术方向基本以劳动节约型为主。

二、生产成本结构的变动

在粮食安全为第一要务、我国棉花播种面积难以扩大的背景下，诱致我国棉花技术进步路径主要在于劳动力和物质费用要素的相对稀缺性。结合中国棉花生产成本结构的变化趋势看，图5-5表明，进入到21世纪后，我国棉花生产对土地、劳动力甚至化肥的依赖性开始大幅减少，而对机械、灌溉投入依赖性增强①。尤其是，随着棉花劳动力成本增加，人力成本及棉花播种面积、化肥、农药等要素投入也基本到了临界点。可见，我国棉花生产要素投入结构已经发生深刻变化。

进一步分析，从我国11个棉花主产省份的棉花生产投入要素配置结构差异看，图5-6显示，棉花生产过程中土地、机械、排灌和农膜投入的地区差异变化呈扩大趋势，并且土地和排灌投入的差异较大；而每亩播种面积下劳动力、化肥、农药及其他中间投入各地区之间的差异变化比较小，波动性不大，并且化肥和人工投入的地区差异是所有要素投入中最小的。

根据以上分析，可知中国棉花生产要素投入结构已经发生深刻变化。新阶段，中国棉花生产要素结构变动增加，由于棉花生产具有费工、费力的特性，在当前农业就业机会成本不断高升，农业劳动力数量减少的局势下，我国棉花生产方式急需改变传统的精耕细作型劳动密集型技术进步模式，向技术密集型方向转化。因为化肥、农药等物化要素投入产出率不断下降，而机械产出率不断上升，我国棉花生产需要向轻简化生产方式转变。

---

① 土地使用的是棉花播种面积，劳动使用的是每亩人工投入天数，机械、化肥、农药、农膜、灌溉等投入均是指每亩棉花生产的各物质要素的费用指标，且这些费用指标均以1990年农业生产资料价格指数为基期进行了平减处理。对于机械投入的贡献，因为没有棉花生产中机械总动力指标数据，均使用物质费用中的机械作业费用指标，会造成对机械投入作用的低估。

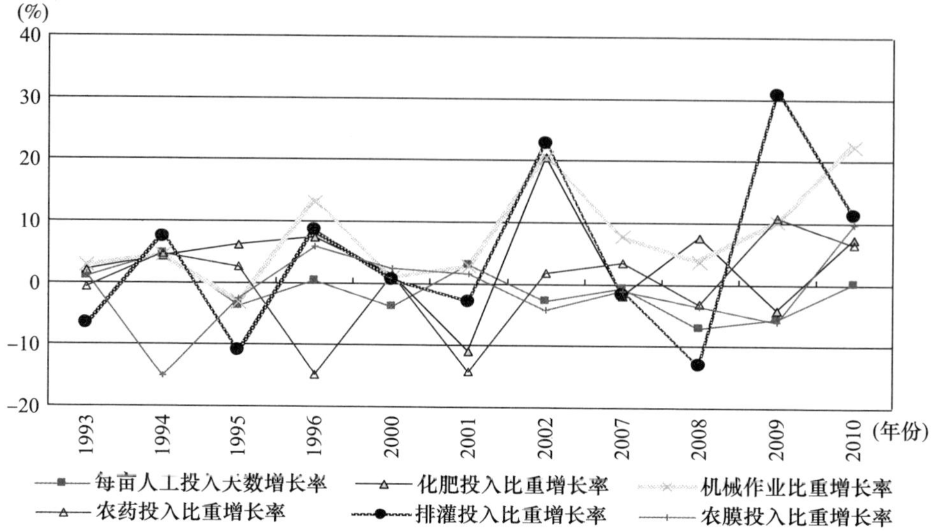

图5－5　1990～2010年我国生产要素配置结构变动趋势

资料来源：相关年度的《中国农村统计年鉴》、《全国农产品成本收益资料汇编》和《中国统计年鉴》。

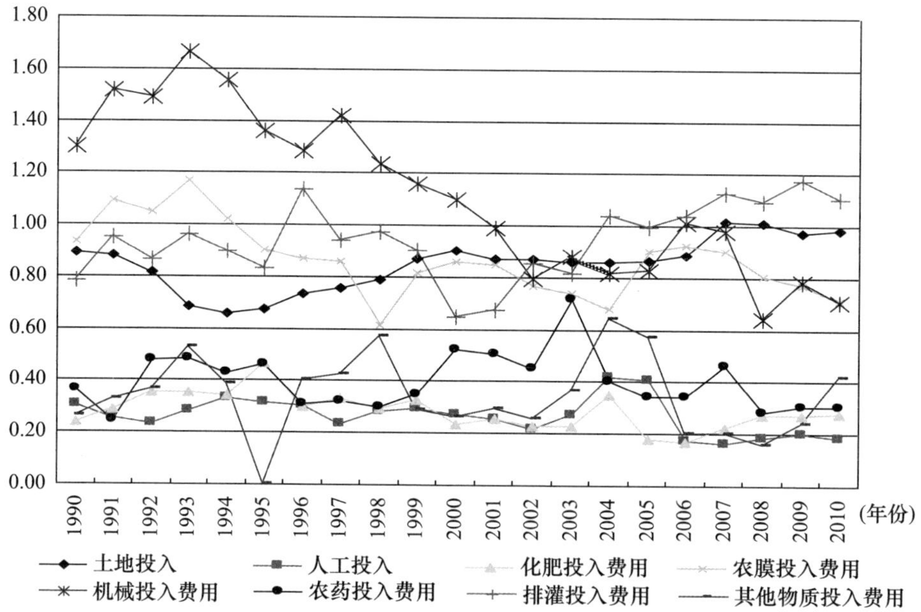

图5－6　1990～2010年我国棉花生产主要投入要素增长率地区变异系数

资料来源：相关年度的《中国农村统计年鉴》、《全国农产品成本收益资料汇编》和《中国统计年鉴》。

现有关于我国棉花增长因素的研究结论与近期我国棉花生产投入要素结构转变趋势的现实情况有些偏离。在学术研究上，也十分有必要拓展研究时期，重视当前中国棉花增长的要素结构变化现实情况，科学选择变量，以便更客观地把握各种要素对中国棉花产出增长的贡献，进而判定我国棉花增长的技术进步取向。

第二节　实证模型构建与变量选择

一、计量模型构建

在具体实证研究分析时，根据研究目的，研究者选取了不同的投入要素和产出指标。最大的分歧在于农业资本投入以及技术、制度指标的选取。在资本投入指标方面，有些学者选用物质资本指标，有些学者则将物质费用资本细化为化肥、机械动力、农药等物质要素投入类别。本书假设棉花投入产出过程首先满足柯布—道格拉斯（C－D）生产函数：

$$Y = A(t)K^{\alpha}L^{\beta}N^{\gamma} \tag{5-1}$$

式中，Y 代表农业产出，K、L、N 分别表示农业生产中资本、劳动力、土地的投入量。A 代表技术水平，t 代表时间，α、β、γ 分别代表三种投入要素的产出弹性。可见，C－D 生产函数中的技术进步是广义的技术进步，是指扣除劳动力、土地和资本投入的贡献外其他所有能促进农业增长的要素。这种技术进步既包括自然科学技术进步，也包括经营组织管理创新、结构调整、规模经济、扶持政策制度等社会类技术进步。

本书在遵循 C－D 生产函数内涵的基础上，引入自然灾害，并且将资本要素分解为化肥农药投入费用、机械作业费用和其他物质资本三种投入要素，对式

（5－1）进行拓展，两边直接取对数后，建立如下的拓展的 C－D 生产函数模型：

$$\ln Y_{kt} = a + \sum_{i=1}^{m} b_i X_{kti} + \beta_1 Diza_{kt} + \mu_k \qquad (5-2)$$

式中，$a=\ln A$ 代表技术进步水平，并且是广义技术进步的含义；Y_{kt} 表示第 k 个棉花生产单位第 t 年的棉花总产出，X_i（$i=1, 2, \cdots, m$）表示棉花生产中的棉花播种面积、劳动力、化肥农药、机械等主要投入要素变量；$Diza_{kt}$ 表示第 k 个棉花生产主产地区第 t 年棉花受灾害面积。b_i、β_1 分别是投入要素和地区虚拟变量的产出弹性系数；μ 为随机变量，服从正态分布 $N(0, \sigma_V^2)$，用于测度误差及各种不可控制的随机因素。那么，棉花技术进步率（TP）可用索洛余值公式算出：

$$TP = \frac{Y'}{Y} - \sum_{k=1}^{m} b_i \frac{X'_i}{X_i} - \beta_1 \frac{D_{iza'}}{D_{iza}} \qquad (5-3)$$

式中，$\frac{Y'}{Y}$、$\frac{X'_i}{X_i}$、$\frac{D_{iza'}}{D_{iza}}$分别表示棉花总产出、第 i 个投入要素的增长率、自然灾害的增长率。可见，本书所指的技术进步，是指扣除劳动力、土地和资本投入的贡献外其他所有能促进农业增进步是广义技术进步，既包括自然科学技术进步，也包括经营组织管理创新、结构调整、规模经济、扶持政策制度等社会类技术进步。

最后，技术进步贡献率（$TPCR$）为：

$$TPCR = \frac{TP}{Y'/Y} \qquad (5-4)$$

可以看出，传统的 C－D 生产函数模型虽具有模型简单、待定参数少、易估算、估算结果较精确的优点，然而假设过强，尤其是 C－D 生产函数模型估算的弹性系数和技术进步率是个固定常数，无法体现时序变化状态。

从时变弹性系数出发，目前最常用的生产函数模型是超越对数生产函数模型（Christensen L.，Jorgenson D. & Lau，1973）与拟超越对数生产函数模型（Fan，S. et al.，1991，1995；Yunhua，Liu et al.，2005）。这两种函数模型能够体现偏性技术进步，更符合现实经济增长发展情况。由于超越对数生产函数是任何生产函数的近似，理论上具有广适性，因此，为了考察技术进步和各个生产要素报酬差异的变化趋势，进而把握我国棉花技术进步的方向，本书进一步利用超越对数生产函数模型（含拟超越对数生产函数）进行分析。

一般的超越对数函数模型形式如下：

$$\ln Y_{kt} = a_0 + \left(a_1 + \frac{1}{2}a_2 t\right)t + \sum_{i=1}^{n}(b_i + b_{it}t)\ln X_{kti} + \frac{1}{2}\sum_{i=11}^{n}\sum_{j=1}^{n} c_{ij}\ln X_{kti}\ln X_{ktj} + \beta_1 Diza + \mu_k \tag{5-5}$$

拟超越对数生产函数模型：

$$\ln Y_{kt} = a_0 + \left(a_1 + \frac{1}{2}a_2 t\right)t + \sum_{i=1}^{m}(b_i + b_{it}t)\ln X_{kti} + \beta_1 \ln Diza_{kt} + \mu_k \tag{5-6}$$

式中，Y 表示棉花总产出（吨）；t 是时间趋势项变量，代表技术进步变量；其他变量含义同上所指。根据弹性公式，在 Translog 生产函数中，投入要素 X_i 的产出弹性为：

$$E_{X_i} = (b_i + b_{it}t) + \sum_{j=1}^{n} c_{ij}\ln X_j \tag{5-7}$$

而技术进步率的计算公式为①：

$$TP = \frac{\partial \ln Y}{\partial t} = (a_1 + a_2 t) + \sum_{i=1}^{n} b_{it}\ln X_i \tag{5-8}$$

式（5-8）表明，技术进步率可以分解为（$a_1 + a_2 t$）和 $\sum_{i=1}^{m} b_{it}\ln X_i$，分别表示中性技术进步和偏性技术进步（袁开智等，2008）。

二、变量选择与数据来源

由于不同农作物的生产技术性质、投入产出过程以及对外部条件的敏感性存

① 这里测算的技术进步率和采用索洛余值法测算出的技术进步率有所区别，两者所依据的计算公式不同。概括来说，索洛余值法测算的是涵盖最广的广义技术进步率，而此处测算的则可称为狭义技术进步率。

在较大差异，所以要根据农作物生产特性选择生产函数的变量（Fan et al.，1997；张社梅等，2008）。结合我国棉花生产要素投入变动趋势及其地区差异的描述统计分析，本书最后选取以下变量作为被解释变量和解释变量，具体变量及其定义如表5－1所示。

表5－1　变量定义

变量	变量定义	单位
被解释变量 棉花总产出（Y_{kt}）	棉花总产出量	吨
解释变量 棉花总播种面积（SA_{kt}）	棉花总播种面积	千公顷
每亩棉花用工数量（L_{kt}）	每亩棉花投入的人工数量	人/亩
每亩棉花总物质费用（K_{kt}）	每亩棉花投入的总物质费用	元/亩
每亩棉花化肥农药施用费（BC_{kt}）	每亩棉花化肥施用费用	元/亩
每亩棉花机械作业费（M_{kt}）	每亩棉花机械作业费用	元/亩
每亩棉花其他物质费用（OK_{kt}）	每亩棉花物质费用—化肥—农药—机械作业费用	元/亩
自然灾害（$Diza_{kt}$）	棉花种植面积比重与农作物总成灾面积乘积值代表	千公顷

本书主要选取中国12个棉花主产地区，分别为安徽、江苏、江西、浙江、湖北、湖南、河北、河南、山东、陕西、新疆地方和新疆建设兵团1990～2010年的21年棉花生产投入产出的面板数据。其中，棉花总产出量和总播种面积取自历年《中国统计年鉴》（1991～2011）；每亩棉花生产的用工数量、每亩棉花总物质费用、每亩棉花化肥农药费、每亩棉花机械作业费、每亩棉花其他物质费用的数据来源于《建国五十年全国农产品成本收益资料汇编》、《全国农产品成本收益资料汇编》（1998～2010）以及《新疆农牧产品成本收益资料汇编》（1991～2011）。按照理论模型以及数据质量的要求，物质费用类各指标用同期本地区的农业生产资料价格指数进行平减，基期为1990年。

第三节　模型估计结果与分析

一、计量模型估计检验

（一）平稳性检验

对于面板数据分析首先要考察面板经济数据的平稳性，平稳性检验要基于单位根检验以及变量之间协整关系检验两个步骤，从而避免伪回归。本书首先对所有变量进行 LLC、Hadri、Breitung、IPS、Fisher - PP 和 Fisher - ADF 几个面板单位根检验，检验结果显示，在 10% 的显著水平下，除了 *tlnsa*、*tlnk*、*tlnprice* 三个解释变量外，其余变量的越对数值的水平值都不含单位根。因此，在面板单位根检验的基础上，接着对拟超对数生产函数形式下的各变量进行面板协整检验。

因此，在面板单位根检验的基础上，接着进行面板协整检验。鉴于模型估计的截面个数约束较大，本书研究采用 Kao 检验。表 5 - 2 的检验结果显示，在 5% 的显著水平下拒绝不存在协整关系的原假设，表明各变量之间存在着长期协整关系。表 5 - 3 的 Kao 检验结果显示，C - D 生产函数模型的 t - Statistic = -1.771729，Prob. = 0.0382，拟超越对数生产函数模型的 t - Statistic = -2.120265，Prob. = 0.0170，表示在 5% 的显著水平下拒绝不存在协整关系的原假设，表明各变量之间存在着长期协整关系。

表 5 - 2　变量单位根检验

	LLC 检验	Breitung 检验	IPS 检验	Fisher - ADF 检验	Fisher - PP 检验
ln*Y*	-2.64097***	-1.67269**	-2.62062***	43.3534***	46.1551***
ln*L*	-7.30745***	-3.52825***	-5.79740***	79.3585***	77.7771***
*T*ln*L*	-5.511561***	-1.46680*	-3.57292***	52.4757***	43.4654***

续表

	LLC 检验	Breitung 检验	IPS 检验	Fisher – ADF 检验	Fisher – PP 检验
ln*SA*	–1.83708 **	–0.09067	–1.47049 *	33.0337	32.1759
Δln*SA*	–15.3440 ***	–5.34204 ***	–13.0353 ***	154.122 ***	171.871 ***
*t*ln*SA*	0.43893	0.72919	–0.77387	31.4841	19.522
Δ*t*ln*SA*	–12.1679 ***	–3.40446 ***	–11.1720 ***	134.533 ***	145.590 ***
ln*BC*	–1.00342	–2.53108 ***	–2.79799 ***	45.0652 ***	108.886 ***
*t*ln*BC*	–3.63040 ***	–2.64433 ***	–4.17262 ***	60.7904 ***	38.3051 **
ln*M*	–3.17474 ***	–2.40570 ***	–4.13213 ***	59.1294 ***	57.5802 ***
*t*ln*M*	–1.35811 *	–0.92628	–2.82378 ***	49.3528 ***	47.4555 ***
ln*OK*	–3.95412 ***	–2.73338 ***	–4.98121 ***	65.9218 ***	106.429 ***
*t*ln*OK*	–2.80864 ***	–0.62085	–4.31553 ***	60.2174 ***	109.045 ***
ln*DIza*	–9.97356	0.0000	–3.93334	0.0000	–8.92918
Δln*DIza*	–11.9056	0.0000	–4.81943	0.0000	–14.1011

注：Δ 表示一阶差分；*、**、*** 分别表示 10%、5%、1% 的概率显著水平。

表 5–3　变量间的 Kao 协整检验

Series	ADF	
	t – Statistic	Prob.
C – D 生产函数模型的所有变量	–1.771729	0.0382
拟超越对数生产函数模型的所有变量	–2.120265	0.0170

（二）随机效应和固定效应模型检验

对于面板数据模型，有固定效应模型和随机效应模型之分，主要是消除无法观测变量对估计结果产生的影响。通常，固定效应模型和随机效应模型的选择取决于样本抽取方式。如果样本是从总体截面单元中随机抽取的，则总体中的个体差异服从随机分布，随机效应模型更适合；如果样本抽取基本代表总体，宜采用固定效应模型。鉴于本书的样本区的棉花播种面积之和与棉花产出之和分别占全国棉花总播种面积和总产出的 96.04%、96.14%，宜采用固定效应模型。同时利用 STATA11.0 软件对各种模型变量进行 Hausman 检验。三种函数模型的检验结果显示（见表 5－4），超越对数及拟超越对数生产函数模型 Prob > chi2 的值均小于0.01，拒绝随机效应模型原假设，即两种函数模型类型均宜采用固定效应模型分析。

表 5－4 三种模型的 Hausman 检验结果

	Hausman 检验	
C－D 生产函数模型	chi2(6) = (b－B)′[(V_ b－V_ B)^(－1)](b－B) = 15.83	Prob > chi2 = 0.0147
超越对数生产函数模型	chi2(29) = (b－B)′[(V_ b－V_ B)^(－1)](b－B) = 129.54	Prob > chi2 = 0.0000
拟超越对数生产函数模型	chi2(15) = (b－B)′[(V_ b－V_ B)^(－1)](b－B) = 77.81	Prob > chi2 = 0.0000

（三）自相关和异方差检验

由于在对长面板进行估计时，要确定是否存在异方差或自相关问题，所以有必要对此进行检验。本书利用 STATA11.0 计量分析软件，对于组间异方差采用沃尔德检验，对于自相关采用 Breu－Pagan LM 检验、Pesaran 检验、Friedman 检验和 Frees 检验（陈强，2010）。

表 5－5 的沃尔德检验 p 值非常显著地小于 0.1，均强烈拒绝“组间同方差”的原假设，即在面板数据模型估计时，不能采用简单的最小二乘法（OLS）进行估计。

表 5－5 三种模型的沃尔德检验结果

	沃尔德检验	
C－D 生产函数模型	sigma(i)^2 = sigma^2for all i = chi2(12) = 491.70	Prob > chi2 = 0.0000
超越对数生产函数模型	sigma(i)^2 = sigma^2for all i = chi2(12) = 226.40	Prob > chi2 = 0.0000
拟超越对数生产函数模型	sigma(i)^2 = sigma^2for all i chi2(12) = 234.18	Prob > chi2 = 0.0000

表5－6显示，三种生产函数模型的自相关检验的前三种检验的 p 值都小于 0.01，强烈拒绝“无截面相关的原假设”，特别是，残差相关系数矩阵的非主对角线的绝对值和平均值高达 0.327 和 0.274。因此，可以判定该面板数据存在组间相关，也不能采用简单的最小二乘法（OLS）进行估计。

表 5－6　生产函数模型的自相关检验

	检验结果	
C－D 函数模型	Breusch－Pagan LM test of independence：chi2（66）＝207.165	Pr＝0.0000
	Pesaran's test of cross sectional independence＝3.695	Pr＝0.0002
	Friedman's test of cross sectional independence＝38.416	Pr＝0.0001
	Average absolute value of the off－diagonal elements＝0.327	
超越对数生产函数模型	Breusch－Pagan LM test of independence：chi2（66）＝152.72	Pr＝0.0000
	Pesaran's test of cross sectional independence＝7.647	Pr＝0.0002
	Friedman's test of cross sectional independence＝60.095	Pr＝0.0001
	Average absolute value of the off－diagonal elements＝0.274	
拟超越对数生产函数模型	Breusch－Pagan LM test of independence：chi2（66）＝174.183	Pr＝0.0000
	Pesaran's test of cross sectional independence＝56.541	Pr＝0.0000
	Friedman's test of cross sectional independence＝0.295	Pr＝0.0001
	Average absolute value of the off－diagonal elements＝0.274	

二、模型估计结果与分析

基于以上检验分析，为了解决面板数据模型估计出现的异方差和自相关问题，本书采用固定效应下的加权最小二乘法（FGLS）和迭代法进行估计，具体回归结果如表5－7所示。表5－7显示，三个生产函数的 Wald 检验值都很大，且 p＝0。但从各个系数的显著性看，由于超越对数生产函数模型的解释变量涉及28个，共线性问题比较严重，仅有12个变量的参数估计结果通过了10%显著性水平。而拟超越对数生产函数模型的估计结果中，除了 ln*BC* 的弹性系数不是很显著外，其余变量系数估计均显著，说明相对于超越对数生产函数模型，拟超越对数生产函数模型的整体估计效果更理想。因此，本书利用拟超越对数生产函数模型的估计结果，计算各个投入要素产出弹性系数和技术进步率的逐期变化情况。

表 5－7　生产函数模型的估计结果

	C－D 生产函数模型		拟超越对数生产函数模型		超越对数生产函数模型	
变量	Coef.	z	Coef.	z	Coef.	z
lnL	0.052	31.190***	0.316	2.23**	－0.988	－3.190***
lnSA	0.769	－1.690*	0.842	10.43***	－1.452	－2.650***
lnBC	－0.014	－0.880	0.035	0.34	0.014	0.110
lnM	0.007	1.460	－0.115	－5.20***	0.133	0.370
lnOK	0.062	2.680***	0.146	1.02	－1.423	－3.160***
lnDiza	－0.019	－2.420**	－0.012	－0.39	－0.021	－1.840*
t	0.027	13.870***	0.2917	5.89***	0.112	4.820***
tt	—	—	0.0001	0.11	－0.001	－1.960**
tlnL	—	—	－0.029	－2.28**	－0.020	－3.340***
tlnSA	—	—	－0.012	－4.32***	0.001	0.250
tlnBC	—	—	0.003	0.45	0.001	0.630
tlnM	—	—	0.008	4.65***	0.004	1.020
tlnOK	—	—	－0.025	－2.49**	－0.005	－1.060
lnLlnL	—	—	—	—	0.208	1.100
lnLlnSA	—	—	—	—	0.294	3.750***
lnLlnBC	—	—	—	—	0.162	0.850
lnLlnM	—	—	—	—	－0.060	－1.080
lnSAlnSA	—	—	—	—	0.022	0.910
lnSAlnBC	—	—	—	—	0.070	1.750*
lnSAlnM	—	—	—	—	0.016	1.180
lnBClnBC	—	—	—	—	－0.237	－2.810***
lnBClnM	—	—	—	—	0.034	0.930
lnMlnM	—	—	—	—	0.010	1.700*
lnLlnOK	—	—	—	—	－0.057	－0.290
lnSAlnOK	—	—	—	—	0.401	4.850***
lnMlnOK	—	—	—	—	－0.009	－0.170
lnBClnOK	—	—	—	—	0.113	0.750
lnOKlnOK	—	—	—	—	0.024	0.260
number2	0.231	6.250***	0.169	4.590***	0.225	6.260***

续表

	C－D 生产函数模型		拟超越对数生产函数模型		超越对数生产函数模型	
变量	Coef.	z	Coef.	z	Coef.	z
*number*3	0.239	2.770***	0.126	1.490	0.458	4.480***
*number*4	－0.273	－1.000	－0.195	－1.200	－0.484	－3.480***
*number*5	0.162	2.020**	0.108	1.540*	0.132	2.310***
*number*6	－0.249	－2.060**	－0.291	－2.350***	－0.569	－3.900***
*number*7	0.020	0.300	－0.057	－0.850	0.000	0.010
*number*8	0.000	0.000	－0.032	－0.300	－0.036	－0.330
*number*9	0.224	2.280***	0.167	2.040***	0.179	2.800***
*number*10	0.190	1.960**	0.179	1.850**	0.207	2.290***
*number*11	0.645	13.960***	0.696	11.720***	0.625	12.400***
*number*12	0.565	8.140***	0.632	8.390***	0.499	7.120***
_ *cons*	7.408	40.480***	5.911	26.940***	18.198	9.070***
Wald chi2（18）＝20697.28 Prob > chi2＝0.0000			Wald chi2（24）＝24207.64 Prob > chi2＝0.0000		Wald chi2（39）＝15774.68 Prob > chi2＝0.0000	

（一）弹性系数的比较

从总体平均水平看，根据表5－7的C－D生产函数模型估计结果显示，播种面积的产出弹性系数最大，为0.77，说明21年间，棉花播种面积每增加1%，会使得棉花产出增加0.77%，即棉花播种面积仍然是影响中国棉花产出的最强因素。其次劳动投入的弹系数为0.052，即每增加1%的劳动力，会使得棉花产出增加0.052%。可见，劳动投入要素目前并没有进入负边际产出的阶段，也进一步证明了我国棉花属于劳动密集型农作物的特性。

其他中间物质投入费用，主要包括灌溉、地膜等直接物质费用和固定资产折旧等间接物质费用的投入的弹性系数为0.062，这些物质费用投入对棉花产出增加具有较强的正向作用力，即每增加1%的资本投入，将增加0.062%的棉花产量。

机械投入的弹性系数为0.007，弹性系数虽然很小，也不是很显著。但已经说明，我国棉花生产中机械投入的边际产出为正，每增加1%的机械投入，棉花产出量将会增加 0.007%。

自然灾害和生化要素投入的弹性系数为负数。其中，自然灾害对棉花产出的影响为较显著的负面作用，化肥农药投入为不显著的负数。这说明，当前增加生物化学要素投入并不能显著地带来棉花产出的增加。

根据拟超越对数生产函数各个变量估计参数，计算 1990 ~ 2010 年各个投入要素的逐期变化的弹性系数如图 5 –7 所示。

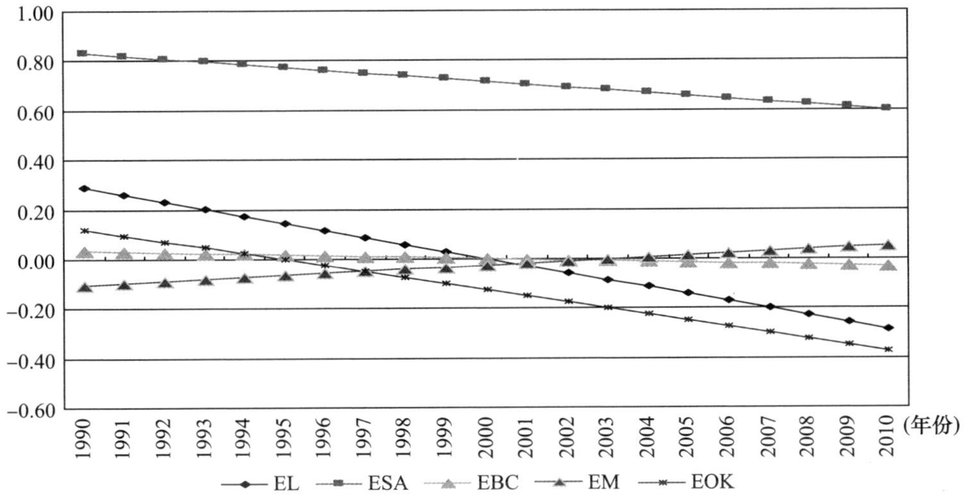

图 5 –7　1990 ~ 2010 年棉花各要素产出弹性系数的年度变化趋势

从产出弹性系数的大小比较看，在各种生产要素弹性系数中，棉花播种面积的弹性系数始终最大，再次验证了我国棉花产量对棉花播种面积的依赖程度很大。从化肥农药、机械、人工以及其他物质费用的产出弹性系数的比较看，可以发现，在 1994 年、2000 年、2003 年处发生了变化。其中，1990 ~ 1994 年，EL > EOK > EBC > EM，棉花人工投入作用较强，其次是其他物质费用投入作用；1995 ~ 2000 年，EL≥EBC≥EOK > EM，化肥农药投入的产出弹性系数开始大于其他物质费用的弹性系数；2001 ~ 2002 年，EBC > EL > EOK > EM，化肥农药生物类物质投入作用已经成为继播种面积之后的第二个常规要素逐渐加强，超过了人工投入的边际产出；2003～2010 年，ESA > EM > EBC > EL > EOK，该阶段机械投入作用逐步增强，超过了化肥农药的产出弹性系数。从产出弹性系数变化的趋势可以看出，除了机械投入产出弹性系数处于递增趋势外，其余的 4 个要素的产出弹性系数均处于递减趋势，并且其他物质费用、人工、化肥农药分别于 1996 年、2001 年、2002 年先后进入了边际负增长的阶段，而机械投入于 2003 年开始由负增长进入边际零增长，到 2005 年产出弹性系数达到了 0.01。

综合分析，可以判断当前中国棉花生产中棉花播种面积产出弹性较大；人工、化肥农药、其他物质费用产出弹性为负，增加这些要素投入并不能带来明显的棉花产出增加，而增加棉花土地播种面积和机械投入要素已经成为未来增加中国棉花产出的关键要素。可是，我国增加棉花土地投入的可能性非常有限，那么，棉花播种面积数量不可能增加，通过提高棉花土地产出效率也是主要途径。但是，生物化学要素投入增加的边际产出在进入 21 世纪后，也趋于下降。可见，当前影响我国棉花产出的最为关键的要素是机械投入。

（二）要素贡献及其贡献率

各个投入要素对棉花产出增长的作用，不仅取决于该要素的产出弹性，还取决于该要素在这个时期内的变化幅度。因为有些要素虽然对于棉花产出的边际产出系数比较大，但要素相对价格比较高，即属于相对稀缺性要素，那么，增加该要素的难度很大，比如棉花播种面积。因此，为了把握 1990～2010 年各投入要素对中国棉花产出增长的作用，则需根据表 5－8、式（5－6）和式（5－7）测算各个要素的贡献率。

表 5－8　1990～2010 年中国棉花各要素的平均贡献率

	Y	L	SA	BC	M	OK	Diza	技术进步
变量的增长率（%）	1.34	－3.31	0.14	－1.33	6.07	4.20	－0.86	—
弹性系数	—	0.05	0.77	－0.01	0.01	0.06	－0.02	—
增长贡献	—	－0.17	0.11	0.02	0.04	0.26	0.02	1.07
贡献率（%）	—	－6.13	8.03	1.39	3.17	19.43	1.22	79.59

总体上看，如表 5 - 8 所示，21 年间，中国棉花产出的年均增幅为 1. 34%，对于棉花产出增加贡献率最大的是技术进步，技术进步指数为 1. 07[①]，技术进步的贡献率为79. 59%。可见，技术进步已经成为中国棉花增长的主要源泉。此外，是其他物质资本的贡献，贡献率为 19. 43%。需要指出的是，为了把握我国棉花技术进步的方向，我们将化肥、农药和机械作业费从物质资本中提了出来，可以说，物质资本投入的贡献要大于这个数值，一是土地要素的贡献为 8. 03%，二是机械投入和生化物质投入的贡献分别为 3. 17% 和 1. 39%。自然灾害对棉花产出增长的贡献为 1. 22%，主要是由于 21 年中自然灾害中风灾和水灾发生程度较小。

分年度分析时，由于很多年份中国棉花产量增长率为负值，如果教条地按照贡献率计算公式计算，则会产生本身为对棉花产量增长为正作用力的要素的产出贡献率表现为负值，而本身为负增长作用力的要素的贡献率却为正值的情况。出现该情况并不是因为贡献率计算方法有问题，实际上，这些数据恰恰真实地反映了各个要素对中国棉花产出增长的贡献情况。因为当棉花产量 Y 的增长率为负值时，对 Y 增长率的贡献率为负值的要素与 Y 增长方向相反，即对棉花产量的"负增长"起到了"负贡献"作用，抑制了棉花产量负增长的趋势。相反，对棉花产量 Y 增长率的贡献率为正值的要素与 Y 负增长同方向运动，即对棉花产量"负增长"起到了"正贡献"作用，促进了棉花产量的负增长。由此，为了更直观地了解播种面积、化肥农药、机械、其他物质费用、自然灾害以及技术进步对中国棉花产量增长的贡献，一律将贡献率数值进行了与棉花产出增长率相对应的正数与负数相互转换处理。各个要素的贡献率的变动如图 5 - 8 所示。

首先，技术进步和棉花播种面积的贡献率比较大。①技术进步在棉花增长中贡献是最明显的。从 1997 年起，除了 2008 年外，技术进步一直起着正方向的作

① 第四章 DEA 模型估计的结果为 1. 025，两种方法测算的技术进步指数差异不是很大。在此，进一步验证了技术进步对中国棉花生产增长的作用。但由于两种方法依据的产出指标不一样，DEA 产出指标为每亩主产品产量，而此处的产出指标是棉花总产出量，所以，计算的技术进步贡献率值有些差异。

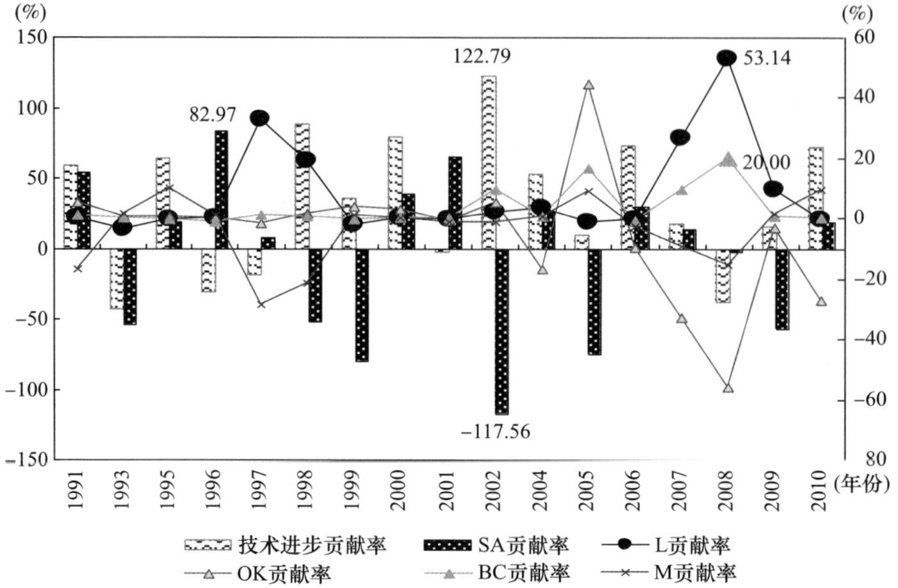

图5－8　1990～2010年中国棉花各要素的平均贡献率

用，各年的贡献率几乎都在50%以上，最高的时候达到了122.79%。即技术进步在棉花产量增长中的贡献超过了所有其他要素的贡献，成为中国棉花增长的源泉。但是，需要指出的是，近年来由于中国棉花技术进步率减缓，技术进步贡献率的增长趋势减弱（见表5－9）。②棉花播种面积的贡献率绝对值几乎都超过了20%以上。但波动非常大，而且下降幅度更大。在1997年前，可以说播种面积的贡献平均水平要大于技术进步的贡献率，最高的时候，播种面积增加的贡献率达到了82.97%。从2008年后，播种面积的贡献率虽有两三年的反复，但总体上呈现出大幅下降的态势。甚至在2002年，由于播种面积骤减，导致棉花播种面积对棉花产出增长的贡献为－117.56%。这主要源于播种面积的边际产出为负数，且棉花播种面积尤其长江流域和黄河流域棉区的缩减，使得棉花播种面积贡献率处于下行通道。

表 5-9 1990~2010 年中国棉花年度技术进步率增长率的平均增长率

单位：%

年份	1990	1991	1992	1993	1994	1995	1996	1997	1998	1999	2000
技术进步率	-2.01	20.10	20.17	20.00	19.61	19.21	19.23	19.32	19.49	19.62	19.72
年份	2001	2002	2003	2004	2005	2006	2007	2008	2009	2010	
技术进步率	19.80	19.94	19.74	19.52	20.44	19.73	19.62	19.53	19.55	19.54	

其次，对比劳动力、化肥农药、机械及其他物质费用的贡献率大小。虽然这四种要素投入相比以上两种要素，贡献率数值较小，但变化态势也不尽相同。①其他物质费用产出增长贡献率在 2002 年前一直高于其他三个要素的贡献率，但是自此后开始呈比较鲜明的下降态势。②化肥农药物质要素投入的贡献率变化趋势比较平稳，而且在 1995 年后贡献率不断增强，甚至 2002 年超过了其他物质费用贡献率，成为继技术进步和播种面积后，第三个贡献率较高的生产要素。然而，这个地位 2006 年后被机械作业贡献率替代。③机械作业的贡献率变化趋势总体上是在波动中不断上升的。但是，由于机械要素投入增长率较低，抑制了其作用力的发挥。④人工投入的贡献率总体上处于较低的地位，并且贡献率不断下降，但波动幅度比较大，在 1997 年、1998 年、2007 年、2008 年贡献率甚至达到了 50% 以上，超过了技术进步和播种面积的贡献率。

本章小结

本章利用 C-D 生产函数以及拟超对数生产函数模型，选取 1990~2010 年 12 个棉花主产区的棉花生产数据作为实证样本，通过对技术进步、播种面积、劳动力、资本（细化为化肥农药、机械作业以及其他物质费用）与自然灾害要素对棉花产出的弹性系数和贡献率的分解分析，得出以下研究结论和启示。

（1）技术进步对中国棉花增长发挥了关键作用，是棉花增长的核心动力。21年间中国棉花技术进步取得了长足的发展，各年度技术进步对棉花产出增长的贡献率几乎都在50%以上，平均贡献率达到了79.59%。这一研究结论与第四章的非参数DEA估计结果吻合。可见，技术进步已经成为中国棉花增长的最主要驱动力，标志着中国棉花增长向集约型增长过渡。在20世纪八九十年代我国棉花在育种、栽培等各领域取得了许多重大突破，尤其在20世纪90年代末转基因抗虫棉推广使用，我国棉花的技术进步率和技术进步贡献率都很高。同时，我们也应该看到，进入21世纪，尤其是2005年之后，由于缺乏新技术支撑，棉花技术进步率下降，技术进步对棉花增长的贡献率趋缓，甚至个别年份出现了负贡献率的情况。可见，我国棉花稳定增长的关键在于棉花技术进步创新，这既包括自然科学技术进步，同时也包括棉花经营方式、耕作方式、政策制度等社会类型技术的革新。

（2）在各种投入要素中，目前土地的弹性系数最高，要想稳定和提高我国棉花供给量，尽量稳定和提高棉花播种面积是非常有效的策略。那么，其关键措施是提高我国棉花种植的比较收益。

（3）要想提高我国棉花种植比较优势，其根本出路在于根据要素稀缺性，合理优化要素投入结构。在棉花播种面积难以调整情况下，劳动力弹性系数总体上为正，如果劳动力稀缺程度比较弱，如新疆南疆地区，进一步增加劳动力投入，进行精耕细作依然是我国棉花生产增长的有效举措。而总体上看，当前农药化肥和人工的投入产出弹性趋势不断下降，且已经为负，增加这些要素投入并不能有效地增加棉花产出。而机械作业作用持续显著，机械投入弹性系数及其贡献率趋势处于上升态势。可见，现阶段在粮食安全第一、增加棉花播种面积和棉花劳动力投入量空间十分狭窄的现实背景下，要想保障中国棉花大国地位，其关键举措是积极推进以棉花生产机械化为代表的轻简化生产技术，破除棉花生产的“费时、费力、费工、费本”的“四费”特征，从而大幅降低不断攀升的人工成本，提高棉农种植积极性。

（4）棉花生产轻简化和机械化是我国棉花技术进步的总体方向。虽然播种面积和劳动产出弹性为正数，但两者变量增加的可能性很小。而生物化学要素产出弹性已经为负数，机械投入要素为正数。可见，我国棉花技术进步的总体方向为棉花生产的轻简化和机械化。

第六章　我国先进棉花生产技术采用差异的影响因素

前沿技术进步是我国棉花技术进步的动力源泉，前沿技术进步实质就是促使先进生产技术在生产中扩散。先进棉花生产技术被棉农采用，是促进我国棉花技术进步的前提，这一过程被称为农户技术选择行为。第五章研究证明了轻简化生产技术是我国棉花技术变迁的主要方向。那么，本章将从微观棉农角度出发，着重分析农民轻简化棉花生产技术采用行为。首先，评估轻简化棉花生产技术的经济效应；其次，明确影响中国棉农轻简化棉花生产技术选择行为的主要因素是哪些，其影响的方向与强度又如何，进而为我国棉花技术进步的优先顺序以及重点提供参考。

棉花轻简化生产技术包含多种技术类型，如轻简化栽培技术、轻简化育种技术、轻简化管理技术、轻简化收获技术。本次农户调查数据来自新疆棉区。该棉区轻简化栽培技术几乎普及。轻简化育种技术主要由育种企业承担，即使是农户自己育种，调查中发现，农户也难以很清晰地回答该技术相关问题。因此，本书选取的是两项对于新疆棉农而言最为熟知和最为重要的轻简化生产技术，分别为棉花膜下滴灌技术和机械采棉技术。

第一节 技术采用差异影响因素的一般分析

一、技术采用的基本情况

由于棉花生产栽培程序冗杂，易发生病虫害，各种物质要素和劳动投入强度非常大。当前如果不改变棉花生产的高投入、强劳动的种植属性，其农业生产比较收益将进一步下降，棉农植棉积极性也会进一步下降，会导致我国棉花供给缺口进一步扩大。因此，当前中国棉花生产必须逐渐突破劳动密集型作物的约束，朝着轻简化、高效化技术进步方向发展。棉花膜下滴灌技术和机械采棉技术是新疆棉区最具代表性的轻简化棉花生产技术。新疆分别于20世纪90年代初期和中期引进两项技术。根据调研数据，棉花膜下滴灌技术采用户的比例为67.05%，机械采棉技术采用户的比例为25.74%。

二、技术采用的经济效应

根据调查数据，通过描述性统计分析，将节水滴灌技术和机械采棉技术采用户以及非采用户的每亩棉花净产值进行简单比较，采用户的收益明显高于非采用户。即采用棉花节水滴灌技术的棉农比未采用该技术棉农的每亩棉花净产值和每亩棉花产量高出141元和85千克，每亩棉花生产成本降低518元。采用机械采棉技术的棉农比未采用棉农的每亩棉花净产值和每亩棉花产量高出858元和64千克①，每亩棉花生产成本降低724元。可见，总体上看，机械采棉技术的产值

① 需要指出的是，机械采摘棉花在棉花产量上，如果在同等棉花生产技术条件下，应该要低于人工采摘。但是，由于在新疆首先推行了棉花膜下滴灌技术，所以，问卷统计结果显示，机械采摘技术棉花产量要比人工采摘棉花高出64千克。

与成本方面经济效应优于滴灌技术，滴灌技术在产量经济效应方面优于机械采棉技术。需要指出的是，在新疆只要采用了机械采棉技术的棉农一般都采用棉花膜下滴灌技术，因此，机械采棉技术中的经济效应一般包含了滴灌技术的经济效应。

表 6-1　两种先进棉花生产技术采用的经济效应比较

单位：元，千克

	节水滴灌技术采用户①	节水滴灌技术未采用户②	①-②差值	机械采棉技术采用户③	机械采棉技术未采用户④	③-④差值
每亩棉花净产值	1022.6	881.5	141.2	1728.2	870.3	857.9
每亩棉花产量	340.3	255.3	85	360.9	296.9	64
每亩棉花生产成本	1639.3	2157.3	-518	1567	2291	-724

资料来源：新疆棉农调查数据。

三、技术采用的成本收益感知

农户是否采用先进的棉花生产技术，实际上主要取决于其对该技术的经济效应的判断。一般来说，一项技术的效益指标是对棉花产出量、净收益和成本节约的感知。

表 6-2　两种先进棉花生产技术的预期经济效应感知

	节水滴灌技术采用户①	节水滴灌技术未采用户②	①-②差值	机械采棉技术采用户③	机械采棉技术未采用户④	③-④差值
技术采用节本增效效果	0.7	0.4	0.3	1	0.6	0.4
相关配套技术获取难度	0.0	0.68	-0.68	0.0	0.86	-0.86
滴灌水源的获取难度	0.0	0.69	-0.69	—	—	—
机械采棉花的销售渠道	—	—	—	0.85	0.14	0.71

资料来源：新疆棉农调查数据。

调查数据显示，由于膜下滴灌技术在新疆实施了很多年，棉农对其效果感知差异不明显；对于机械采棉技术的效益，由于近几年人工采摘棉花成本高涨，所以对于该技术的效果感知差异也不明显。实际上对于这两项技术是否能够被采用，关键在于这两项技术的获取难度，相对于不采用户而言，节水滴灌技术获取难度高了0.68，而机械采棉技术更是高了0.86。另外，对于滴灌技术采用的成本要素是滴灌水获取难度，不能采用该技术的农户觉得难度为0.69；对于机械采棉采用而言，机械采棉销售便利值为0.85，对不采用户而言，该值为0.14。所以，无论是哪种轻简化生产技术，技术采用的进入成本门槛才是制约这两项技术采用的主要因素，而不是农户的技术采用的效果效应感知。

四、技术采用的农户家庭特征因素

（一）农户自身特征因素

选取农户户主的年龄、族别、家庭最高受教育程度和种棉历史作为农户自身特征的变量。

从图6-1中可以看出，少数民族总体上对于两种技术采用比例明显小于汉族。尤其是对于机械采棉技术，本次调研中，没有少数民族采用该技术。实际上，在新疆，的确有一些少数民族棉农在2011年采用机械采棉技术，并且调查中采访到了3个新疆阿克苏地区阿瓦提县的少数民族种棉大户已经购买了美国迪尔采棉机，但却不会使用该机器，使得采棉机搁置。因此，总体上看，少数民族采用机械采棉技术的比例相对汉族显得更为稀少。对于汉族，这次调研中，采用机械采棉技术的主要集中于新疆建设兵团和种棉大户。

从图6-2显示出，受教育程度对两种技术的影响趋势不一致，总体上看，对于节水滴灌技术，受教育程度越高，采用比例越高。其主要原因在于，棉花膜下滴灌技术属于棉花轻简化技术，可以实现棉花灌溉、施药、施肥等各个环节的自动化。同时，该技术掌握需要较高的文化程度，能够对于水肥、水药等配比技术充分掌握。可见，受教育程度越高，越容易接受和掌握该技术。而对于机械采棉技术，呈现倒U形变化，在大专以下，受教育程度越高，机械采棉技术采用率越高，但到了大专及以上相反有了下降趋势。其主要原因可能在于，受教育程度越高，非农就业机会越高，在机械采棉技术进入门槛还十分高的情况下，大专以上学历的棉农宁肯弃棉，从事其他农业种植或者进行非农就业。

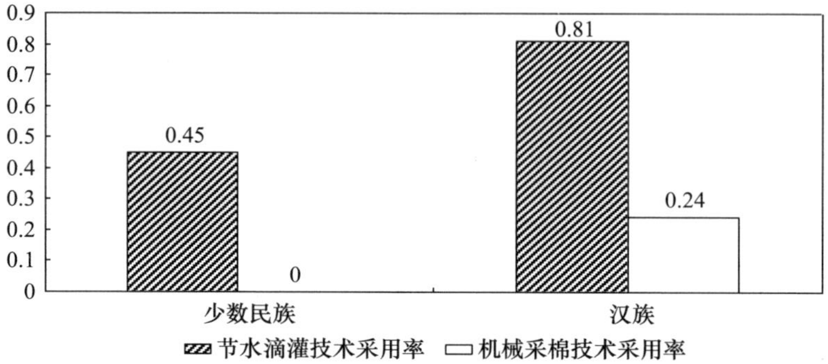

图 6－1　不同族别棉农两种技术采用情况

资料来源：新疆棉农调查数据。

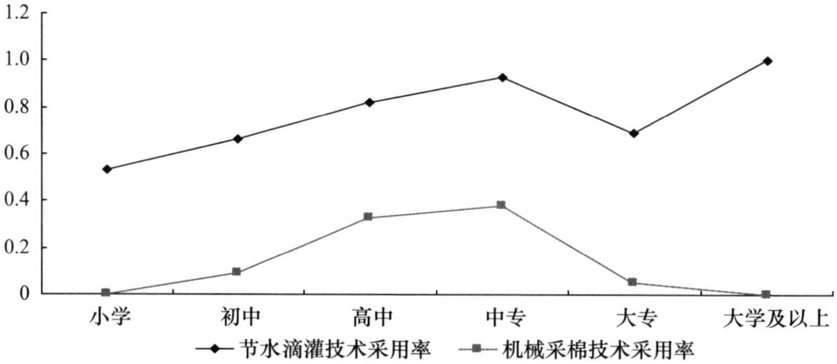

图 6－2　不同受教育程度棉农两种技术采用

资料来源：新疆棉农调查数据。

从图 6－3 显示出，随着年龄增长，农户节水滴灌技术采用呈现出先上升后下降的变动规律，在 40～50 岁，该技术采用率最高；而对于机械采棉技术，年龄的影响呈负向作用，年龄越大，机械采棉采用率越低。如图 6－4 所示，种棉历史对于节水滴灌技术的影响呈现倒 W 形，随着种棉经验的增加，节水滴灌技术采用率升高，但到了 10～15 年阶段，也许是因为种棉经验相反制约了对新技术的采纳，尔后随着种棉历史进一步增加，节水滴灌技术采用率又开始增加。机械采棉技术中，种棉历史经验的影响与年龄有比较类似的变化趋势，但到了10～15年后，种棉历史经验会使得棉农积极采用该技术。可见，种棉历史对于两种技术采用的影响有一定的一致性，到了低谷点（10～15年）后，因为多年种棉历史经验，会促使两种轻简化生产技术的采用。

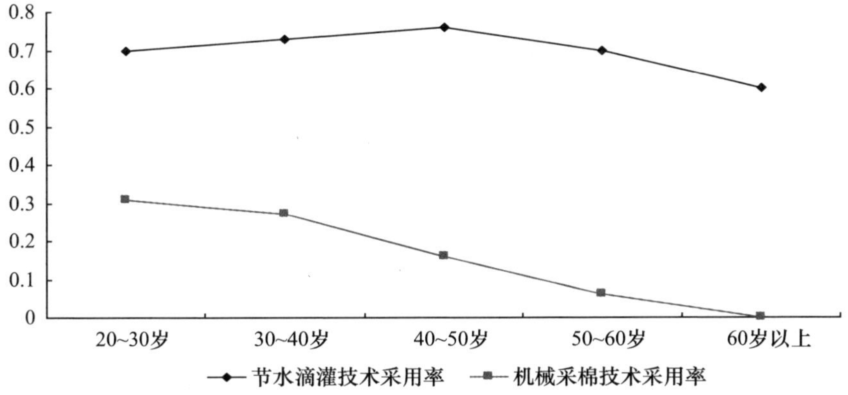

图6－3　年龄对两种技术采用率的影响

资料来源：新疆棉农调查数据。

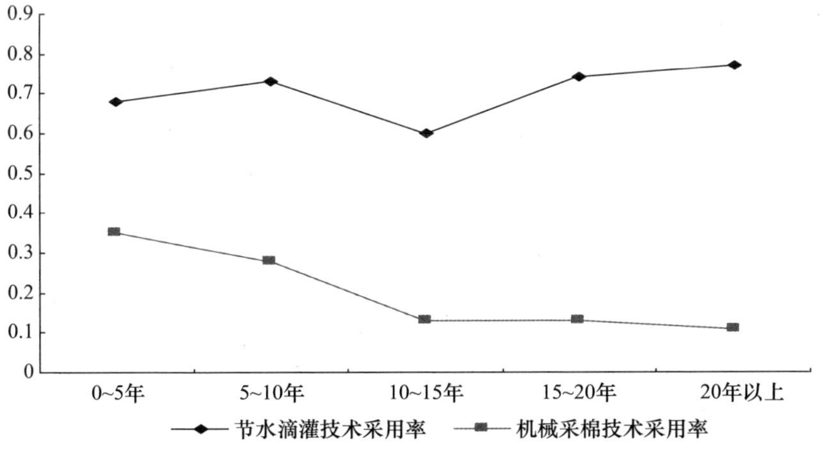

图6－4　种棉历史对两种技术采用率的影响

资料来源：新疆棉农调查数据。

（二）农户家庭资源特征因素

主要从农户家庭的棉花经营规模和经济收入情况来考察。图6－5和图6－6显示了，地块面积和棉花播种面积对于两种技术采用比率具有较一致的影响变化趋势，基本呈现出倒U形关系。其中，对于地块面积和棉花播种面积（机械采棉技术采用）的最低面积要求比较严格，每块土地至少应该大于25亩，棉花总播种面积也至少大于50亩，这符合机械采棉技术的要求。但需要指出的是，当前也许受这两种技术相关配套技术获取难度的限制，或者由于本书问卷调查数据的局限，当棉花经营规模过大时，这两种技术采用的概率却反而下降。

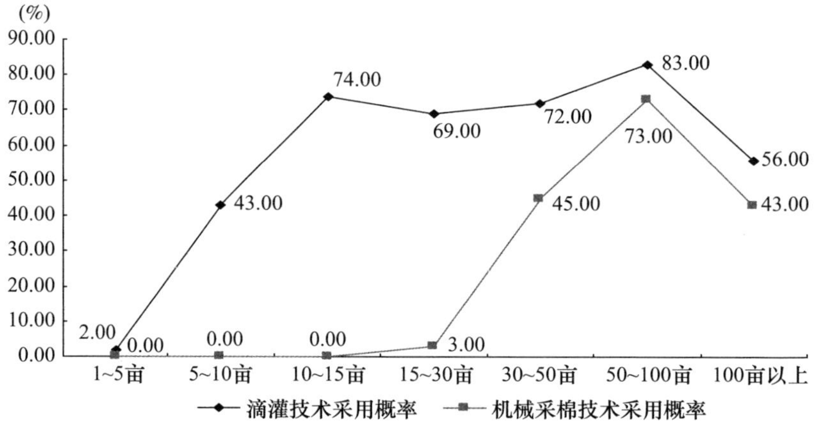

图6－5 地块面积对两种技术采用的影响

资料来源：新疆棉农调查数据。

从图6－7反映出，家庭年收入对两种技术采用总体上均呈现正向影响，随着家庭总收入的不断增加，农户对两种技术的采用偏好增强。其主要原因是，家庭收入越高，表明农户的抗风险能力越强。总体上看，相对于机械采棉技术采用而言，滴灌技术采用对家庭总收入反映更明显些。其原因在于，只要采棉机器供给满足，机械采棉技术的额外投入要比滴灌技术低。非农收入对两种技术的影响呈现不太一致的表现。非农收入对滴灌技术的影响有先增加后缓慢减弱的趋势。

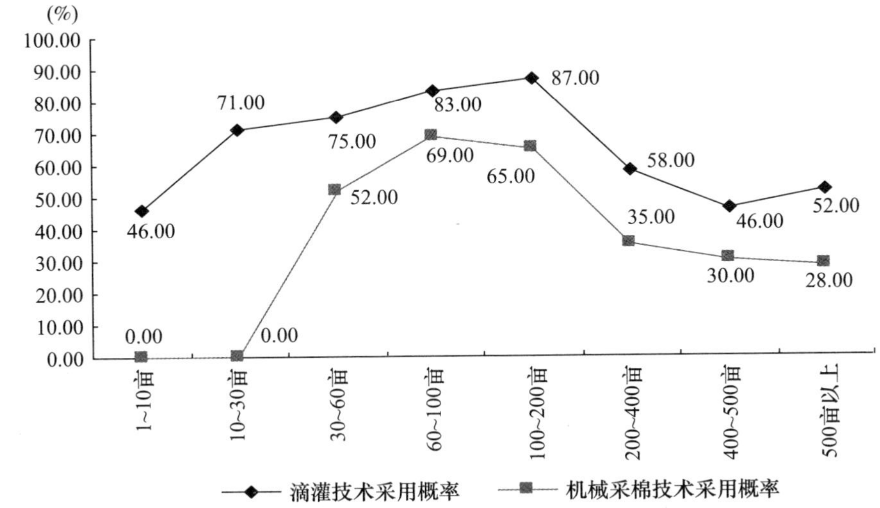

图6-6 棉花播种总面积对两种技术采用的影响

资料来源：新疆棉农调查数据。

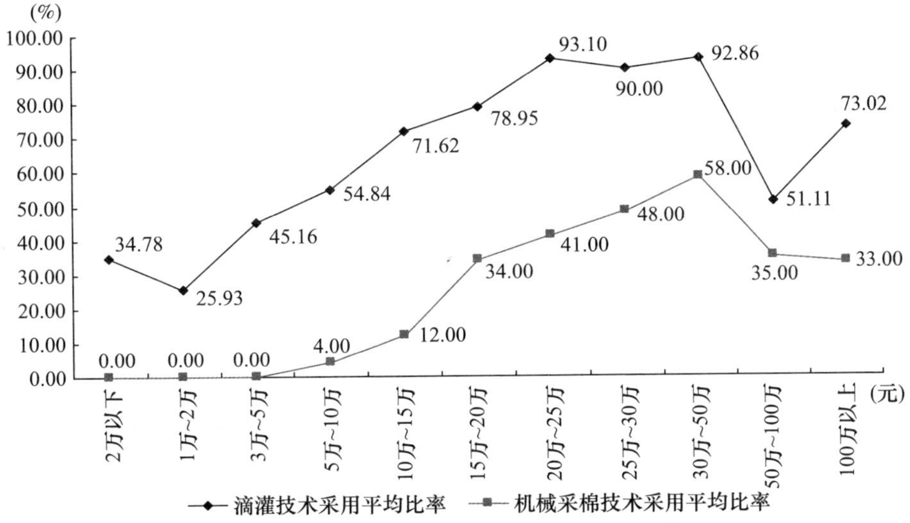

图6-7 家庭总收入对两种技术采用的影响

资料来源：新疆棉农调查数据。

随着非农收入比重提高，只要非农收入小于30%，基本都是呈现增加的趋势，当超过30%后，农户对于该技术偏好开始较快下降，但依然保持在50%以上的采用偏好（见图6－8）。对于机械采棉技术，非农收入比重提高，总体上看，机械采棉技术趋于下降趋势。

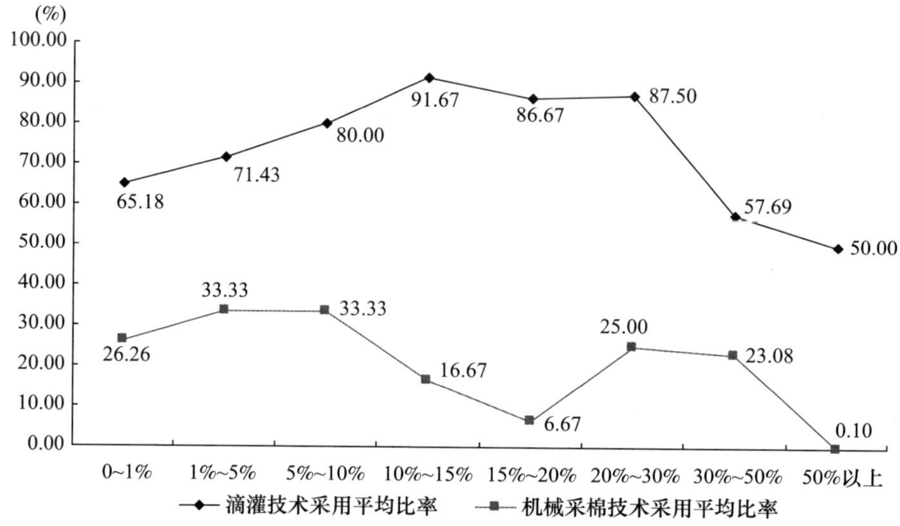

图6－8　非农收入比重对两种技术采用的影响

资料来源：新疆棉农调查数据。

五、技术采用的外部制度环境特征因素

从表6－3可以看出，除了农业合作社外，“兵团式”的家庭联合经营体制、农业技术推广中心作用强度、棉花培训强度以及“北疆地区”地区变量四种外部经营制度因素对两种棉花轻简生产技术都有较明显的影响。具体来看，对于滴灌技术采用的影响，四种因素的影响差异不是很明显，但每个外部制度因素对于滴灌技术采用率的影响具有较大差异，差异率在20%～35%，其中兵团体制的影响差异值最大，是否属于兵团经营体制的差值在35.1%。对于机械采棉技术，四

种因素的影响都非常明显，各个因素的影响差异值在27%～69%。其中，影响最为显著的因素依然是“兵团式”家庭联产承包经营体制，是否属于该经营体制，导致棉花技术采用比率差异为69%。

表6-3 外部制度环境因素与技术采纳行为之间的关系

轻简化生产技术类型	兵团经营体制		农技中心作用		农业合作社作用		棉花培训		北疆地区	
	属于	不属于	强	弱	强	弱	强	弱	位于	不位于
滴灌技术采用平均比率（%）	91.1	56.0	83.9	47.8	71.4	67.4	65.7	78.6	71.2	50.0
机械采棉技术采用平均比率（%）	74.0	5.0	52.3	0.0	34.0	26.0	32.1	5.7	44.9	5.0

资料来源：新疆棉农调查数据。

第二节 农户先进棉花生产技术采用的经济效应评估

一、计量模型与变量选择

根据Rubin（1996）、Rosembaum和Rubin（1983）的潜在收益理论分析框架，对于每个棉农而言，都有事前的两个潜在的技术采用效应。将采用先进棉花生产技术的棉农界定为处理组（Treated Group），而技术未采用的棉农界定为对照组（Control Group）。y_i^1代表处理组中的棉农所获取的棉花生产收益变量，y_i^0代表该棉农如果不采用先进棉花生产技术的潜在棉花生产收益变量。τ_i代表技术采用的效应。如果先进棉花生产技术对于每个棉农而言，可以自由选择，那么，技术采用效应可以表示为：

$$\tau_i = y_i^1 - y_i^0 \tag{6-1}$$

但是，由于本书所用的棉农数据都是非实验的农户调查数据，农户对于技术选择是自我选择（Self - selection），技术采用效应评估会产生两个问题。一是选择偏误问题。因为条件限制，农户个体不能够自由选择是否采用某项技术。二是反事实情景（Counterfactual Situation）下的数据缺失问题。同一个农户在特定时间内只能是某项技术的采用者或者非采用者，那么，我们不可能获得该农户在这个时间段内的两种技术采用情景下的效应数据。

对于技术采用者的技术采用的现实效应和技术未采用的反事实效应的差异，就是所谓的技术采用的平均处理效应（the Average Treatment Effect on Treated, ATT）概念。公式为：

$$\tau_{ATT} = E(y_i^1 \mid T_i = 1) - E(y_i^0 \mid T_i = 1) \tag{6-2}$$

式中，y_i^1 和 y_i^0 分别代表棉农采用和不采用先进棉花生产技术的生产收益。T_i 是农户是否采用棉花先进生产技术的状态，$T_i = 1$ 表示采用，$T_i = 0$ 表示不采用。在现实的棉农技术采用效应的调查数据中，我们无法获取到先进棉花生产技术采用者的收益数据 $E(y_i^0 \mid T = 1)$。

为了获得技术采用户的反事实的 $E(y_i^0 \mid T = 1)$，沿用 Rosembam 和 Rubin（1983）、Dehejia 和 Wahba（1999/2002）研究思路，可以借助倾向匹配法（Propensity Score Matching，PSM），找到和技术采用户的资源禀赋特征变量（X_{ik}）相似的非采用户。由于这两个农户资源禀赋特征变量相似，可以将两者收入差异归因于技术采用效应。此时，可以用未采用先进棉花生产技术棉农的平均棉花生产收益（$E(y_i^0 \mid T = 0)$）作为技术采用者不采用该技术的潜在收益（$E(y_i^0 \mid T = 1)$）的替代量。

可以发现，为了获取处理组棉农的 $E(y_i^0 \mid T = 1)$，必须在对照组棉农中找到与之可观测变量 X_{ik} 相匹配的技术未采用棉农个体，即倾向匹配方法的特点是创造随机试验条件（the Conditional Indendce Assumption，CIA）进行采用户和非采用户比较。为此，估计采用技术农户的平均效应（the Average Treatment Effect on Treated，ATT）必须基于以下两个前提假设条件。

一是条件独立分布假设，即在控制了影响匹配偏差的农户特征变量 X_{ik} 后，技术采用的预期效应独立于技术的选择（T_i）。这是个强假设条件，保障了技术采用选择的随机性，并且与技术采用效应变量不相关，从而可以比较相同特征的棉农在采用和不采用技术情况下的棉花产出收益。其公式为：

$$(y_i^1,\ y_i^0) \perp T_i \mid X_{ik} \tag{6-3}$$

二是共同支持条件（the Common - support Condition），即在给定所观测的匹配变量 X_{ik} 的条件下，棉农技术选择情况等于 1 的条件概率不等于 0 和 1。这是个弱假设条件，保证了每个处理组个体都能通过倾向评分匹配找到与其配对的对照组个体；如果作为研究对象的个体的倾向得分不满足该条件，该个体将被舍去，不参与 ATT 估计。可见，共同支持假设排除了在倾向得分尾部分布的农户，从而提高了匹配质量，同时也会导致样本量减少（Heckman，1997）。表示为：

$$0 < \text{prob}\ [T_i = 1 \mid X_{ik}] < 1 \tag{6-4}$$

当满足以上两个基本假设后，通过比较棉农特征变量 X_{ik}，就可以使用各种匹配方法①将处理组棉农与对照组棉农进行匹配。但是，如果棉农匹配的农户特征变量 X_{ik} 过多，就会导致模型匹配的自由度问题。此时，控制 X_{ik}，计算出每个棉农采用先进棉花生产技术的条件概率，称为技术采用倾向分（Rosenbaum & Rubin，1985；Rubin & Thomas，1996）。然后利用技术采用倾向分进行匹配，可以使得多变量 X_{ik} 匹配转化为一个变量匹配。技术采用倾向分可以表示为：

$$P_i = P(X_{ik}) = \text{prob}\ (T_i = 1 \mid X_{ik}) \tag{6-5}$$

基于以上分析，对于具有相同倾向分的棉农，采用先进棉花生产技术的棉农

---

① 估计 ATT 有四种常用的方法：分层匹配（Stratificationm Atching）、近邻匹配（Nearest Neighbor Matching，NN 匹配）、半径匹配（Radius Matching）和核匹配（Kernel Matching，Kernel 匹配）。其中，NN 匹配和 Kernel 是最常用的匹配方法。

的平均处理效应可以表示为：

$$\begin{aligned}\tau_{ATT} &= E(y_i^1 - y_i^0 \mid T_i = 1) = E\{E[y_i^1 - y_i^0 \mid T_i = 1,\ P(X_{ik})]\} \\ &= E\{E[Y_i^1 \mid T_i = 1,\ P(X_{ik})] - E[Y_i^0 \mid T_i = 1,\ P(X_{ik})]\} \\ &= E\{E[Y_i^1 \mid T_i = 1,\ P(X_{ik})] - E[Y_i^0 \mid T_i = 0,\ P(X_{ik}) \mid T_i = 1]\} \qquad (6-6)\end{aligned}$$

可见，PSM 的技术采用效应评估是两步法估计。首先，进行 X_{ik} 变量选择，采用 Probit（或者 Logit）二元选择模型估算出每个样本棉农的技术采用倾向得分。其次，根据倾向得分估算的结果，依据一定匹配方法将技术采用的棉农和得分相似的技术非采用棉农进行匹配，估算出技术采用的平均经济效应（Heckman et al.，1998；Smith & Todd，2005）。匹配的目的是对于每一个技术采用个体 $T_i = 1$，根据其倾向指数 P_i，在对照组中找到与其倾向指数最相近的 $T_i = 0$ 的个体，然后将所有的 $T_i = 0$ 的个体棉花总产值 y_i^0 进行加权平均，作为 $T_i = 1$ 个体的潜在结果（Couterfactual Outcome），技术采用的实际加权平均值与潜在结果加权平均值相减即为该处置个体的处置效应。

二、变量选择和数据来源

对于先进棉花生产技术采用的经济效应变量（y_i），选择每亩棉花产出净产值指标。根据已有的考虑农户自选择问题的相关研究成果，对于用来进行倾向分估计的解释变量 X_k 的选择，主要应从人口学特征（年龄、族别）、人力资本特征（家庭最高受教育程度、农业劳动力数量、种棉历史）、家庭资源特征（家庭总收入、非农收入、棉花播种面积）和地区环境变量（是否属于新疆北疆地区）4 个角度考虑（Mendola，2007；Adekambi et al.，2009；González，2009；Wu et al.，2010；Ali & Abdulai，2010；Kassie，et al.，2010；Otsuki，2010；Becerril & Abdulai，2010）。

样本数据主要来源于课题组 2012 年 7～8 月对新疆棉区的 9 个县（团场）的棉农的棉花膜下滴灌技术和机械采棉技术采用情况的抽样调查，最后获取了 869 份有效问卷。

三、估计结果与分析

（一）倾向匹配

在进行技术采用效应的非参数估计之前，利用二元 Lobit 模型，根据以上选择的棉农技术采用的家庭特征变量 X_k，分别估计每个棉农棉花节水滴灌技术和机械采棉技术采用的倾向得分值 P_i。从 Logistic 模型分析的结果看，棉花膜下滴灌技术和机械采棉技术两种技术采用模型的卡方值分别为 299.04 和 190.49，P 值为 0，达极显著水平①。

对于棉花膜下滴灌技术，总体平均采用分为 0.725。其中，不采用者的倾向分的范围为［0.054，0.968］，平均分值为 0.468；采用者的倾向分的范围为［0.121，0.999］，平均倾向分为 0.823。关于机械采棉技术，总体样本的平均采用倾向分为 0.236，其中采用者的倾向分值区间为［0.064，0.856］，均值为 0.453，而非采用者的倾向分值区间为［0.001，0.867］，均值为 0.169。可见，两种技术采用匹配的共同支持假设条件良好。并且，我们可以发现，目前棉农对于膜下滴灌技术采用的倾向比机械采棉技术要高得多。

（二）匹配平衡质量检验

采用倾向匹配方法，关键是使得技术采用者和非采用者之间有关变量分布平衡。如表 6 - 4 和表 6 - 5 所示，每个变量的估计偏误都比匹配前有较大幅度减少，在棉花滴灌技术采用的变量匹配中，除了棉农家庭最高受教育程度，匹配后的偏误大于 10 外，其余变量基本都小于 5。在机械采棉技术采用的变量匹配中，NN 匹配方法中，棉花播种面积变量大于 10，年龄大于 10，除家庭总收入外，其余变量均小于 5。

① 由于这里关注的是技术采用的效应，而非技术采用的影响因素，所以没有列出选择的解释变量对技术采用的影响程度和显著性等具体信息。

表6-4 棉花膜下滴灌技术采用的解释变量估计偏差

变量	NN匹配方法的变量估计偏误			Kernel匹配方法的变量估计偏误		
	匹配前	匹配后	偏差减少率（%）	匹配前	匹配后	偏差减少率（%）
地区虚拟变量	129.4	0.6	99.5	129.4	-0.1	99.9
族别	77.7	3.7	95.2	77.7	3.2	95.9
年龄	-12.9	1.5	88.2	-12.9	0.5	95.8
受教育程度	41	-16.5	59.7	41.0	-14.5	64.5
非农收入	19.2	0.1	99.3	19.2	-1.1	94.4
家庭总收入	45.7	0.4	99.1	45.7	0.3	99.2
棉花播种面积	31.4	0.8	97.5	31.4	0.4	98.8
种棉花历史	17.8	2.1	88.1	17.8	3.4	81.0
每块耕地面积	45.0	-4.7	89.7	45.0	-5.1	88.7

通过比较匹配前后的平均标准差、Pseudo－R^2 值和P值来评估匹配的质量。Rosenbaum和Rubin（1985）指出，采用者和非采用者的平均标准差越高，匹配质量越差。此外，Sianesi（2004）指出，匹配前与匹配后的所有解释变量的Logit回归分析后的联合显著性似然比检验的pseudo R^2 和P－values也是检验匹配质量的指标。如果，匹配后的pseudo R^2 降低，P－values增高，说明匹配成功。

表6-5 机械采棉技术采用的解释变量估计偏差

变量	NN匹配方法的变量估计偏误			Kernel匹配方法的变量估计偏误		
	匹配前	匹配后	偏差减少率（%）	匹配前	匹配后	偏差减少率（%）
地区虚拟变量	60.3	-2.0	96.6	60.3	-1.5	97.4
族别	—	—	—	—	—	—
年龄	-84.3	10.5	87.5	-84.3	3.1	96.4
受教育程度	16.0	-4.2	73.9	16.0	-4.8	69.8
非农收入	-36.7	1.3	96.6	-36.7	0.4	98.8
家庭总收入	26.6	7.4	72.2	26.6	5.0	81.2
棉花播种面积	31.8	13.9	56.2	31.8	10.2	68.1
种棉花历史	-58.7	-2.4	96.0	-58.7	-0.9	98.5
每块耕地面积	56.0	4.4	92.1	56.0	0.1	99.8

表6－6列出了NN匹配和Kernel匹配下的4个衡量匹配质量指标的匹配前后的变化。两种匹配方法下，匹配后的全部协变量在倾向分估计中的平均标准差在1%～5%，总体估计偏误减少了87%～94%，倾向匹配后的平均标准差显著降低。经过两种匹配方法匹配后，重新估算的Pseudo－R^2 值，由匹配之前的0.294和0.261显著降低到匹配后的0.012～0.018，降幅显著。似然比的P值检验表明，匹配后的联合协变量的显著性检验被拒绝，而匹配前未拒绝。低标准化偏差，高总体偏差减少比率以及非显著性P值表明，匹配后各个农户特征变量在采用户和非采用户的分布没有系统差异，满足匹配的平衡性要求，在此基础上进行的倾向评分也是相当成功的。

表6－6　两种匹配方法下的不同匹配质量检验指标比较分析

匹配方法			Pseudo R^2	LR chi2	P > chi2	Mean Bias	匹配后的偏误减少率（%）
棉花膜下滴灌技术	NN匹配方法	匹配前	0.294	278.60	0.000	46.7	
		匹配后	0.016	20.73	0.140	3.4	92.72
	Kermel匹配方法	匹配前	0.294	278.60	0.000	46.7	
		匹配后	0.013	17.76	0.380	3.2	93.15
机械采棉技术	NN匹配方法	匹配前	0.261	174.00	0.000	46.3	
		匹配后	0.018	7.22	0.513	5.8	87.47
	Kermel匹配方法	匹配前	0.261	174.00	0.000	46.3	
		匹配后	0.012	4.78	0.781	3.3	92.87

（三）技术采用的经济效应估计

根据以上分析，本书采取近邻匹配和核匹配两种匹配方法对参照组和对照组的倾向得分进行匹配，匹配质量良好，则两种先进棉花生产技术采用的经济效应估计结果具有可靠性。

匹配结果表明，利用NN匹配方法和Kernel匹配方法得到，棉花节水滴灌技术对棉花净产值的增加值分别为287元和247元，且都在10%的显著性水平达到一致性结果。估计的机械采棉技术对棉花净产值的增加值分别为 810 元和 908 元，且在 5% 显著水平上显著。平均看，当前两种技术采用对于增加棉花净产值的增加效应分别为 267 元和 859 元。

表 6-7 两种棉花生产技术采用效应的 PSM 评估

先进棉花生产技术类型	匹配方法	处理组样本量		对照组样本量		ATT	Std. Err.	t
		不支持	支持	不支持	支持			
膜下滴灌技术	NNM	106	479	0	221	287.29	135.97	2.11***
	Kernel	106	479	0	221	246.74	127.75	1.93**
机械采棉技术	NNM	0	144	0	466	810.05	261.733	3.09***
	Kernel	0	144	0	466	908.03	159.58	5.69***

第三节 农户先进棉花生产技术采用的影响因素分析

一、计量模型与变量选择

由于本书侧重于对棉农是否选择棉花节水滴灌技术或者机械采棉技术的影响因素分析，因变量为［0，1］二元特质的离散变量，因此，选取 Logit 模型进行计量分析。基本形式为：

$$P_i = \text{prob}(y_i) = F\left(\alpha + \sum_{k=1}^{n}\beta_{ik}X_{ik} + \mu_i\right) = \frac{1}{1 + \exp^{-}\left(\alpha + \sum_{k=1}^{n}\beta_{ik}X_{ik} + \mu_i\right)} \tag{6-7}$$

式中，P_i 表示棉农采用技术的概率；y 是因变量，表示棉农是否采用节水滴灌技术或者机械采棉技术（采用 $y_i=1$，不采用 $y_i=0$）；β_i 表示影响因素的回归系数；X_{ik}是解释变量；α 表示回归方程的常数；μ_i 为服从极值分布的随机变量。将式（6-7）进行适当变形，得到：

$$y_i = \ln\frac{P_i}{1-P_i} = \alpha + \sum_{k=1}^{n}\beta_{ik}X_{ik} + \mu_i \qquad (6-8)$$

二、变量选择与数据来源

根据农户技术选择行为决策的理论模型的内涵，借鉴已有研究成果发现，并结合本次棉农生产技术应用的实地调查经验，从技术本身的经济效益特征变量、农户个人特征变量、农户家庭特征变量和经营管理体制等外部制度环境特征变量四个角度选择变量。具体选择的变量及其描述统计值如表 6-8 所示。

表 6-8 变量的选择与赋值

变量	定义及赋值	均值	方差
一、技术本身特征变量			
技术采用节本增效效果感知（Xa1）	采用节水滴灌技术后的节本增效效果如何？明显 =1，不明显 =0	0.718	0.450
技术采用节本增效效果感知（Xb1）	采用机械采棉技术后的节本增效效果如何？明显 =1，明显 =0	0.719	0.450
节水滴灌技术的相关配套技术获取的难度感知（Xa2）	节水滴灌技术的相关农艺技术和滴灌设施获取难度大吗？难度较大 =1，比较容易 =0	0.626	0.484
机械采棉技术的相关配套技术获取的难度感知（Xb2）	机械采棉技术的相关农艺技术或者采棉机农机服务获取难度大吗？难度大 =1，容易 =0	0.282	0.450
滴灌水源能否保障（Xa3）	节水滴灌的水源能否保障？能 =1，不能 =0	0.575	0.495
机械采棉花的销售渠道感知（Xb3）	机械采摘棉花容易卖掉吗？容易 =1，难 =0	0.322	0.468
二、农户个人特征变量			
户主族别（Xi4）	汉族 =0，少数民族 =1	0.774	0.418
户主年龄（Xi5）	实际调查年龄数值（岁）	42.617	10.246
棉花种植历史（Xi6）	种植棉花年限（年）	16.873	8.485

续表

变量	定义及赋值	均值	方差
三、农户家庭特征变量			
劳动力中最高受教育程度（Xi7）	1 = 文盲，2 = 小学，3 = 初中，4 = 高中，5 = 大中专，6 = 大学本科及以上	2.806	1.044
家庭总收入（Xi8）	2011 年农户家庭实际总收入（万元）	37.5750	100.3250
农业劳动力数量（Xi9）	从事农业的劳动力人数（人）	2.778	1.343
外出打工收入比重（Xi10）	非农收入/家庭总收入（%）	0.054	0.145
地块面积（Xi11）	总耕地面积/总地块数（亩/块）	68.567	115.187
耕地总面积（Xa12）	家庭总耕地面积（亩）	147.883	316.928
棉花总播种面积（Xb12）	家庭棉花总播种面积（亩）	142.920	318.308
棉花种植意愿（Xi13）	扩大 =1；缩小 =0	0.652	0.476
四、外部制度环境特征变量			
农业技术推广中心作用（Xi14）	强 =1，弱 =0	0.567	0.496
经营组织管理方式（Xi15）	是否为兵团组织管理形式？是 =1，否 =0	0.244	0.430
节水滴灌技术政府补贴（Xa16）	是否享受了节水滴灌技术补贴？有 =1，否 =0	0.078	0.269
机械采棉技术政府补贴（Xb16）	是否享受了机械采棉技术补贴？有 =1，否 =0	0	0
农业专业合作社作用（Xi17）	是否加入了农业合作社？加入 =1，未加入 =0	0.119	0.323
农业技术培训（Xi18）	参加了 =1，未参加 =0	0.694	0.461
贷款获取程度（Xi19）	贷款难度大 =1，贷款难度小 =0	0.526	0.410
地区虚拟变量（Xi20）	属于新疆北疆地区的为 1，南疆地区为 0	0.119	0.323
节水滴灌面积比重（Xa21）	节水滴灌面积/总耕地面积	0.837	0.370

第一组是技术本身的经济效益特征变量，主要选择节水滴灌技术或者机械采棉技术的节约成本效果感知（X1）、增产效果感知（X2）、技术知识掌握程度感知（X3）、技术获取难易度感知（X4）、棉花销售渠道感知（X5）、棉花销售价格感知（X6）[①] 六大指标。可以肯定的是新技术应用后棉花产量的增加、棉花价格的提高与成本的减少对于新技术的应用起到非常明显的促进作用，而新技术应用后的成本增加、技术知识掌握程度差、技术获取难易程度难、机械采棉销售价

① 农户技术选择行为中的技术本身所具备的经济效益特征因素的作用力主要通过一定时期内的动态变化得以反映，但是本书利用的是一次性截面调查数据，等价格变量为常数，因数据局限，在此，选择采用“农户对技术经济效益特征感知”变量进行反映。

格低、机械采棉销售渠道少，起到显著的负向作用（朱希刚等，1995；黄季焜等，2000；刘湘萍，2001）。

第二组是农户人口特征变量，主要选择户主族别（X7）、年龄（X8）和棉花种植经验（X9）三个变量。其中，相对于汉族，少数民族对于棉花节水滴灌和机械采棉技术应用水平较低（朱希刚等，1995）。由于棉花膜下滴灌技术前期投资具有公共产品属性，而且膜下滴灌技术与机械采棉技术虽然是新技术，理论上讲，年龄越大对于新技术采纳意愿越弱（Saha et al.，1994；Adesina et al.，1993；D. Souza，1993；Goodwin et al.，1997；Arellanes，1994；Maria Maucer，2005；Mc Namara，1991；George Norton et al.，2005；孔祥智等，2004；赵丽丽，2006），但是这两种技术又具有节约劳动力的特性，那么，年龄越大对于这两种技术的需求也可能越强。因此，年龄对于这两种新技术采用的作用方向不能确定或者影响可能不是很显著（苏岳静等，2004；Arellanes & Lee，2003）。棉花种植年限对两种棉花新技术选择起到正向作用关系。

第三组是农户家庭的社会经济资源特征变量，主要选择家庭成员的最高受教育程度（X10）[①]、家庭总收入（X11）、家庭农业劳动力数量（X12）、家庭总耕地面积（X13）、耕地细碎化程度（X14）、兼业化程度（X15）、棉花播种面积比重（X16）、棉花种植意愿（X17）8 个变量。其中，家庭总收入越高新技术投入成本和抗风险能力越大（Feder et al.，1985；Fliegel et al.，1966；黄季焜等，1993；Ervin Christine A. et al.，1982；孔祥智等，2005），家庭成员最高受教育程度越高对新技术的认知能力越强，农业耕地面积越大新技术产生的规模效应越好（林毅夫，1994，1995；Atanu Saha et al.，1994；Madhu Khanna，2001；孔祥智等，2004），棉花播种面积越大和棉花种植意愿越高新技术采纳需求意愿越强烈，可见这 5 个变量对于两种棉花新技术选择具有较强的正向作用力。耕地细碎

① 用家庭成员最高受教育程度而不是用户主受教育程度，是因为许多研究已经证实农户户主的受教育程度与新技术选择不具有显著相关关系，实际上家庭中最高受教育劳动力往往会很大程度上影响农户家庭的农业生产决策。

化程度对于棉花膜下滴灌技术的影响关系不明确，但由于机械采棉技术对于棉花地块的长度和宽度有一定的要求，因此，耕地细碎化程度对于机械采棉技术选择具有很强的负向关系。农业劳动力数量对于两类棉花新生产技术的选择具有较强的负向作用力，其主要原因是农业劳动力数量越多对节约劳动力技术需求越弱，越容易采用人工灌溉和采摘棉花。非农收入比重越高，理论上越需要劳动节约型技术，应该对于两种棉花技术具有正向影响，但是，也有可能宁可放弃种植棉花也不采用机械采棉技术，对放弃采棉机械化技术具有正向影响，但是，如果属于棉花种植小户，那么，则可能成为负向影响，而非农收入比重，对生物化学技术和节水滴灌技术总体上呈现负向影响。

第四组是农户棉花生产经营的外部组织管理制度与环境因素，主要指影响某一地区棉农采用棉花生产技术难易程度的外部环境条件因素，这些因素具有地域共性特性。主要选取棉花经营管理组织形式（X18）、政府资金补贴力度（X19）、政府农技推广组织作用感知（X20）、是否参加农业技术培训（X21）、节水滴灌面积比重（X22）、地区虚拟变量（X23）。除了地区虚拟变量外，其余变量作用越强，两种棉花生产技术选择越明显（Nowak et al.，1987；Azhar et al.，1991；Negatu et al.，1999；Pandey et al.，2002；Feder et al.，2003；Jeffal Wang et al.，2005；朱希刚等，1995；陈慧英等，2001），并且作用相比于农户户主个人和家庭的作用更显著，甚至可以抵消一些理论上原本是负向作用变量的影响力。

以上变量数据主要来源于在新疆9个县（团场）的抽样调查。有效样本量共869份有效问卷。各个自变量的基本描述统计分析如表6－8所示。

三、估计结果与分析

使用最大似然估计方法，运用STATA11.0计量软件，对以上选取的影响棉农两种轻简化棉花生产技术采用行为的全部变量进行二元Logit回归分析。在具体的计量分析过程中，考虑到截面数据的异方差问题和同一地区样本农户之间经济决策行为具有一定的相关性，采用聚类稳健回归（Clustered Robust）方法。模型估计结果如表 6－9 所示。

表 6－9 棉农轻简化棉花生产技术采用行为影响因素的计量估计结果

节水灌溉技术采用行为			机械采棉技术采用行为		
解释变量	系数	z 检验值	解释变量	系数	z 检验值
*Xa*1	1.635338	1.8	*Xb*1	—	—
*Xa*2	－3.82641***	－2.72	*Xb*2	－19.65099***	－8.51
*Xa*3	2.835398***	2.79	*Xb*3	23.51648***	10.43
*Xa*4	－1.80807***	－2.83	*Xb*4	－3.46695***	－4.5
*Xa*5	－0.04591**	－2.26	*Xb*5	0.038171	1.58
*Xa*6	－0.90227**	－2.16	*Xb*6	－0.02453	－1.05
*Xa*7	0.109729	0.56	*Xb*7	0.8610978*	1.63
*Xa*8	0.000006***	3.94	*Xb*8	－0.000004***	－5.84
*Xa*9	－1.41823**	－2.32	*Xb*9	－0.006	－0.28
*Xa*10	0.613132	0.92	*Xb*10	－3.148786**	－1.7
*Xa*11	0.007579**	2.13	*Xb*11	0.0134147***	5.22
*Xa*12	－0.00531**	－2.22	*Xb*12	0.5593008**	2.42
*Xa*13	0.083395***	3.13	*Xb*13	0.094727	0.21
*Xa*14	1.009938***	2.8	*Xb*14	1.470482	1.4
*Xa*15	0.359099	0.38	*Xb*15	2.498737***	2.72
*Xa*16	1.543494**	1.96	*Xb*16	—	—
*Xa*17	0.168876	1.35	*Xb*17	0.00322	0.64
*Xa*18	3.995802***	11.08	*Xb*18	1.06271	1.1
*Xa*19	－0.28568	－0.51	*Xb*19	－1.84795	－1.59
*Xa*20	2.850281***	5.19	*Xb*20	3.520783***	2.74
—	—	—	*Xb*21	2.00129**	2.35
_ *cons*	－2.33465**	－2.1	_ *cons*	－10.5159	－4.61
log pseudolikelihood = －144.196 Wald chi2（18） =252.81 Prob > chi2 =0.0000 Pseudo R^2 =0.7051 Correctly classified =93.43% area under ROC curve =97.77%			log pseudolikelihood = －112.160 Wald chi2（18） =1088.45 Prob > chi2 =0.0000 Pseudo R^2 =0.7133 Correctly classified =91.91% area under ROC curve =97.73%		

注：***、**、*分别表示 1%、5% 和 10% 水平显著相关。

从模型拟合结果整体看，两种技术采用行为模型 P 值为 0，达极显著水平，并且 Estat Class 检验值分别为 93.43% 和 91.91%，Lroc 检验值分别为 97.77% 和 97.73%，模型的正确预测比率也很高。因此，对于棉农两个技术采用决定影响因素的 Logit 模型的整体估计结果理想。各个因素的具体影响方向和影响程度如下：

（一）技术特征变量是影响棉农两种先进棉花生产技术采用的关键变量

（1）对于膜下滴灌节水技术，选取的 3 个技术特征变量均十分显著地影响棉农的技术采用决定。进一步分析，可以发现，由于节水滴灌技术 1998 年正式在新疆投入使用，该技术的节本增产效果已被绝大多数棉农所认知，因此，相对于技术成本收益特征的影响，棉农能否高效操作滴灌技术（Xa2）和滴灌水源能否保障（Xa3）是目前更为重要的影响因素。

（2）对于机械采棉技术，估计结果显示，选取的 3 个技术特征变量中，对于机械采摘与人工采摘的成本比较优势，由于近期人工采摘成本不断攀升，棉农对此认知趋同，结果导致该变量在 Logit 回归中被剔除。其余两个变量极显著且极强地影响着棉农该技术采用决定。可见，机械采棉花的销售渠道以及机械采棉配套相关技术获取难易度是决定棉农是否采用该技术的先决条件。对于棉农机械采棉技术不予采用，不是采用意愿不强，而是现实机械采棉技术进入成本门槛太高，这种成本不是生产成本，而是市场交易成本和学习成本，主要是指，不能掌握机械采棉种植农艺技术；机械采棉农机服务稀缺，无法获取采棉机服务；机械采棉花因扎花厂没有除杂设备，销售困难。

（二）农户及其家庭社会经济特征变量的影响相对比较小

从自变量估计系数看，农户及家庭社会经济特征变量对棉农采用两种技术决定的总体影响程度相对比较小。

（1）对于节水滴灌技术，首先，地块面积、棉花种植意愿、家庭总收入和 3 个因素的影响显著为正，尤其是地块面积和家庭总收入有极显著的正向影响。其主要原因为，节水滴灌技术的投入对地块面积有一定要求，具有很大的规模效应。因此，地块面积对节水滴灌技术的采用具有很强的正向影响。家庭总收入越高，棉农抗技术采用风险越大，也越有能力承担滴灌技术设施投入成本。种棉意愿越强，越促使棉农采用节约成本的节水滴灌技术以获取高收益。其次，少数民族族别、户主年龄、种棉历史、农业劳动力个数和耕地总面积5个因素起到的是显著的负向作用，尤其是少数民族族别有极显著的负向作用。少数民族极为显著的负向作用，既与少数民族对新技术认知力有关，更与所处地理位置、历史发展和社会经济条件相关。这次调研中的少数民族主要集中在新疆南疆地区，经济发展水平不高，属于我国贫困落后地区，棉花节水滴灌技术采用相比于汉族而言，具有很大的滞后性。年龄和种棉历史对于滴灌技术呈负向关系，主要是指当前年龄已很大和种棉历史很长，但未采用滴灌技术的棉农，那么年龄越大、种棉时间越久，越固守旧技术，对于新技术接纳倾向越弱。家庭农业劳动力个数越多，农户直观上觉得灌溉水环节劳动力越多，节约劳动力意愿越弱，所以采用膜下滴灌的意愿越弱，使得劳动力数量对滴灌技术采用决定起到了负向作用。耕地总面积对滴灌技术采用的很小的负向作用说明了种棉大户不是不愿意采用节水滴灌技术，而是客观条件限制其采用该技术。一方面，耕地面积越大，预示着滴灌设备投入成本越高；另一方面，耕地面积越大，所需滴灌水量越高。调研发现，由于新疆灌溉水紧张，种棉大户尤其种棉外地承包大户在棉花生长需水关键期，往往不能及时获得灌溉水。那么，即使有资金条件铺设滴灌设施，也难以采用该技术。此外，劳动力受教育水平和非农收入比重2个变量的影响方向为正，但影响不显著。

（2）对于机械采棉技术，棉花经营规模和劳动力最高受教育水平显著影响棉农机械采棉技术采用行为。机械采棉技术对于棉花地块面积有一定的要求，同时，棉花播种面积越多，在人工采摘成本上升的局势下，机械采棉技术采用意愿越强烈。劳动力受教育水平越高，对于机械采棉技术认知力越强，越能促进棉农采用该技术。此外，少数民族棉农、家庭总收入和非农收入比重与机械采棉技术采用呈极显著的负相关关系。少数民族棉农机械采棉技术采用率偏低与滴灌技术原因一样。非农收入具有显著负影响，其主要原因是，在当前棉花种植成本偏高、机械采棉技术条件不成熟的现实背景下，非农收入越高的棉农，采用机械采棉的机会成本越高，因此，这类棉农宁肯放弃棉花种植也不愿意采用机械采棉技术。但家庭总收入的负向影响程度很微小，说明也许随机械采棉技术外部条件不断成熟，这种负向影响会随之变化。此外，户主年龄和棉花种植意愿的正向影响，以及种棉历史和农业劳动力个数的负向影响表现均不显著。

（三）经营管理体制等外部制度环境因素是重要影响因素

首先，农技推广中心作用、棉花技术培训以及地区虚拟变量是三个对棉农滴灌技术采用行为产生极为显著影响的正作用力，尤其是棉花技术培训影响程度很高。其主要原因是，滴灌技术不简单是滴灌带等硬件设施的铺设，更重要的是如何利用滴灌设施合理高效地进行化肥、农药等物质要素的投入。这些技术必须建立在技术培训平台上，由农业技术推广中心进行专业的指导，方能提高棉农对新技术的使用能力，且有利于增进农户之间、农户与基层政府之间的相互交流，便于新技术的推广，使其被广大棉农所掌握。而地区虚拟变量代表技术扩散效应的物质基础，即棉农所处的地区经济发展综合水平，这是滴灌技术能够推广的物质基础。

其次，政府对滴灌技术采用的资金补贴力度越强，农户采用滴灌技术的意愿也越强。为了促进滴灌技术的推进，在滴灌技术推广的前期阶段政府给予了一定资金补贴，使得滴灌技术在新疆棉花生产中得以较顺利推广。目前，经济发展水平较好地区，对滴灌技术政府补贴不是很重视，但是对于贫困地区，如新疆南疆三地州，政府补贴激励因素对于棉农该技术采用决定的影响还是较为显著的。

最后，“兵团式”家庭联合经营体制和农业合作社的正向影响，以及贷款难度的负向影响均不显著。

对于农户机械采棉技术采用决定的外部影响因素变量中，地区虚拟变量、“兵团式”家庭联合经营体制是最显著的影响因素。地区虚拟变量如滴灌技术作用机理一样，这是机械采棉技术能否顺利推广的最重要的综合经济社会发展基石。兵团式的家庭联合经营体制对于棉农机械采棉技术采用决定的影响与滴灌技术不一样，由影响不显著转变为极显著和强影响因素。原因是机械采棉技术对于棉农是全新的技术，没有强有效的集体经济组织推动和扶持，单靠棉农个人依靠市场机制无法获取和掌握该技术。同时，滴灌面积比重是影响机械采棉技术采用决定的较显著变量。新疆属于水资源短缺地区，滴灌面积比重比通常所选择的有效灌溉面积更能体现政府在农业现代水利基础设施方面的投资力度。由于机械采棉技术对农艺技术要求比较严格，滴灌设施更有利于该技术的实施，新疆采用机械采棉技术的棉农一般均采用了节水滴灌技术。另外，农业技术培训、农机推广中心作用、农业合作社与贷款难度的影响不显著。并非这 4 个变量对棉农机械采棉技术采用决定的诱导作用不重要，而是这 4 个变量在棉农机械采棉技术中的作用十分有限。

本章小结

本章依据中国最大的棉花生产基地区域，新疆 9 个县（或团场）的 869 个棉农调查数据，采用非实验数据的倾向分匹配法，考察了农户棉农节水滴灌技术和机械采棉技术采用的潜在收益。研究结果表明，两种先进棉花生产技术对每亩棉花净产值都具有显著的积极影响，且机械采棉技术比膜下滴灌技术的效应更高，但机械采棉技术平均采用倾向比棉花膜下滴灌技术低。既然两种先进棉花生产技术对棉农具有如此显著的积极作用，那么，为何很多棉农没有采用这两种先进棉花生产技术？

基于此问题，本章利用 Logit 模型，考察了棉农节水滴灌技术和机械采棉技术采用的主要影响因素。通过实证研究，证实了我国棉农两种先进生产技术采用决定受到多种因素的影响，而且各种影响因素的作用力不一样。

（1）从变量属性上看，农户和家庭特征变量影响重要性最弱，而技术特征变量与外部制度环境变量是当前影响棉农两种先进棉花生产技术采用决定的关键变量。对于棉花膜下滴灌采用，这两种属性的变量影响程度差异不大。对于机械采棉技术而言，技术特征变量更为重要，成为影响棉农机械采棉技术采用决定的先决条件。

（2）同一变量对农户两种棉花生产技术采用决定的影响具有一定的差异性。第一，从影响的重要性看，在棉花节水滴灌技术采用决定中，处于前三位的影响因素为“技术培训”、“配套技术获取的难易程度感知”、“滴灌水源满足程度感知”。在机械采棉技术采用决定中，处于前三位的影响因素为“机械采棉花销售难易度感知”、“配套技术获取难易程度感知”和“族别”。第二，对棉农两种技术采用决定具有同一方向显著影响的变量包括：“滴灌水源（或机械采棉销售）需求保障度感知”、“地块面积”、“地区虚拟变量”3 个变量的正向显著影响；“技术获取难度感知”、“族别”2 个变量的负向显著影响。第三，有些变量对棉农两种技术采用决定具有相反影响，主要包括：“家庭总收入”对膜下滴灌节水起到显著的正向影响，对机械采棉技术采用决定是显著的负影响。棉农节水滴灌技术采用决定因素中，“年龄”、“种棉历史”、“农业劳动力个数”、“耕地总面积”有显著负影响，“农技推广中心作用”、“棉花技术培训”有显著正影响，对棉农机械采棉技术没有显著影响。棉农机械采棉技术采用决定因素中，“家庭劳动力最高受教育水平”、“‘兵团式’经营管理体制”有显著正影响以及“非农收入比重”有显著负影响，对膜下滴灌节水技术采用决定没有显著影响。可见，要从外部诱导棉农对这两种技术的采用，侧重点应不同。

（3）棉花节水滴灌技术采用更有利于机械采棉技术的采用。“滴灌面积比重”变量显著地促进棉农机械采棉技术采用决定。因此，为了促进棉农采用机械采棉技术，首先要加强滴灌技术的推广实施。

（4）从两种技术推广的时间看，在新疆机械采棉技术相对于滴灌技术而言，是最近几年才开始推行的。基于此可以推知，在棉花技术推广的前期，技术进入门槛成本是首要制约因素；在技术推广的中期，棉花经营管理体制、农机推广中心作用、棉花合作社及棉花技术培训等外部制度环境因素成为主要因素。而农户的族别、棉花经营规模是农户资源禀赋特征变量的主要影响因素，其他因素的影响相对较小。

第七章　中国棉花生产技术效率及其影响因素

技术改进是中国棉花技术进步的动力源泉，技术进步一方面可以通过农户技术选择，推进先进棉花生产技术被农户采用，进而使得棉花生产函数边界向外移动。另一方面，在棉花前沿技术进步的同时，我们更需要关注棉花生产的技术效率。因为，我们在考虑技术进步对生产的影响时，往往假设棉农处于完全理性且高效的状态，即是完全效率下的决策。然而现实中，棉农受制于自身生产管理能力及市场信息等非效率因素的影响，不能实现在生产函数边界上的生产。如果技术效率保持不变，即使技术进步，那也只是拉大了实际生产点与生产函数边界的距离。因此，测算棉农生产的技术效率，探索影响棉农技术效率的主要因素意义重大。

本书将从微观棉农角度剖析影响棉花技术进步效率的因素。在方法选择方面，考虑到农业生产较之工业生产具有季节性、周期性以及易受气候影响等特点，所以本书将采用同时承认技术无效和随机冲击存在的随机前沿生产模型（Stochastic Frontier Approach，SFA），并且在具体函数选择方面，选择最为灵活的超越对数生产函数形式，尽量避免模型设定的偏误。

需要声明的是，选择机械采棉技术和滴灌技术是因为这两项技术即代表着棉花生产的轻简化和机械化特性，且在新疆棉区具有较大的差异性。但是，并不是说其他棉区当下要急于推行这两项技术。在其他棉花主产区棉花生产的轻简化、机械化技术，比如工厂化育种技术、机械化移栽技术、小型机器采棉技术、机械化施药技术等，只是受限制于新疆棉区的特质，本书无法获取其数据。所以，在此选择这两项在新疆最具代表性的技术。并且，认为这两种类型技术的研究结果能够对其他棉区推行棉花生产轻简化和机械化技术类型起到一定的启示作用。

第一节 棉农技术效率影响因素的描述统计分析

棉农生产技术效率集中结果主要体现在单位面积棉花产出和单位面积产出净收益方面。因此，本章主要以这两种指标为主，从四个方面对影响棉农生产技术效率的因素进行描述统计分析。

一、农户自身特征因素

从族别看，根据本次的棉农调查数据，汉族平均每亩棉花产出和每亩棉花净收益分别为 345 千克/亩、92 元/亩，少数民族分别为 279 千克/亩、14 元/亩。汉族种植棉花每亩产出是少数民族的 1.3 倍，亩收益是其 6.6 倍。可见，少数民族与汉族的棉花生产技术率差异很明显。其主要原因是由于少数民族从事棉花生产经验少，经营管理水平低。

从年龄与棉花亩产出和亩收益的变动规律看，年龄与两者之间呈现出倒 U 形关系。棉花产出较高的年龄段在 30 ~ 40 岁，而棉花净收益最高阶段在 40 ~ 50 岁。该变动规律符合预期，因为在 30 ~ 40 岁一方面具有一定的棉花种植经验；另一方面又容易接受新生事物，善于学习各种棉花种植技术，使得棉花产出水平较高。随后，由于种植经验进一步增加，变得更加理性，或者叫作惜本，在棉花物资投入方面比 40 岁之前要少，棉花产出随之减少，但是净收益却增加。随着年龄进一步加大，固守思想越来越严重，再加上身体体力也跟不上，使得棉花产出和净收益都开始下降。

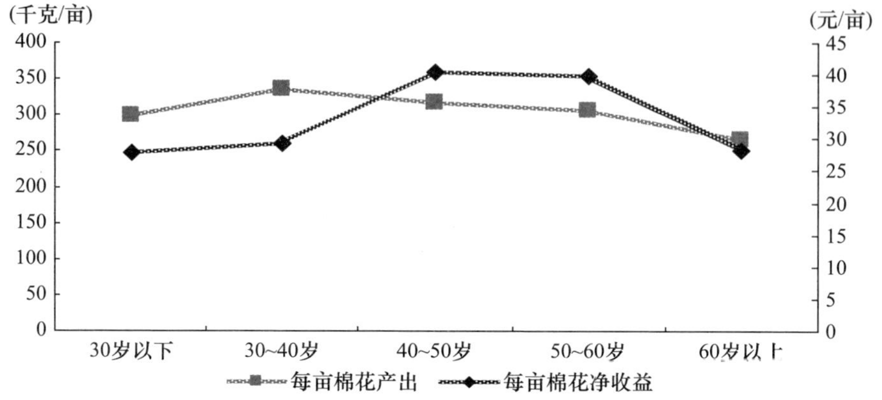

图7－1　年龄对棉花产出和净收益的影响

资料来源：根据农户调查数据计算。

从受教育程度看，随着受教育程度的提高，棉农的认知水平不断提高，对于棉花生产技术的学习能力不断增强，使得受教育程度与棉花产出之间总体上呈现出正向变动趋势。但是，图7－2显示，过高的受教育程度，如大专以上的棉农，可能由于种植经验少，或者不能专心于棉花生产，棉花产出水平反而较低。该因素并没有与正向变动预期有较一致的变化趋势。对于棉花净收益的影响，高中水平的棉农净收益值最高，自高中以后，平均棉花净收益水平竟然要比小学及其以下的棉农还低。

二、家庭经济资源禀赋特征因素

本部分主要从家庭棉花经营规模、农业劳动力人数和家庭经济情况方面进行分析。首先，从经营规模看，图7－3和图7－4显示，棉花技术效率受棉花经营规模影响很大。无论是地块面积还是棉花播种面积，基本与棉花产出呈现正向关系，而与棉花净收益呈负向关系。随着面积的增加，棉花产出处于增长趋势。可见，经营规模越大，预示着棉花收入在家庭总收入中的比重越大，所以棉农越重视棉花生产技术和管理技术。但是过大的棉花种植规模，在我国目前棉花生产难以实现全程机械化的约束条件下，其规模效益难以发挥，相反，使得棉花生产成本过高，这种成本主要来源于不能精耕细作。一方面，导致棉花产出降低；另一方面，需要雇工，雇工成本居高不下，使得棉花成本过高，棉花收益进一步降低。

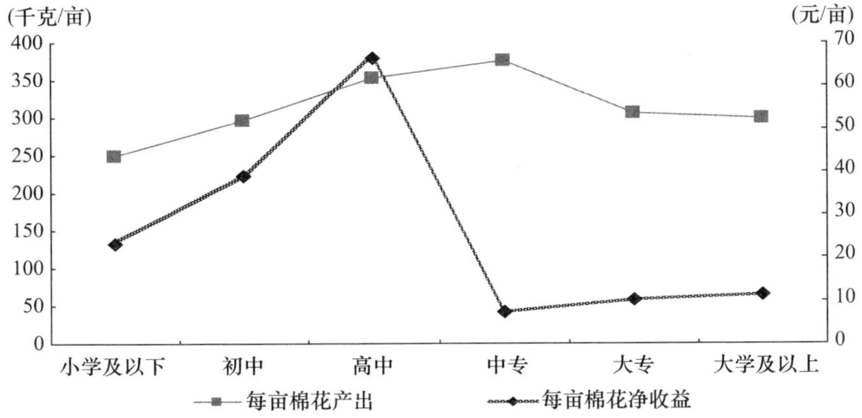

图 7－2 受教育程度对棉花产出和净收益的影响

资料来源：根据农户调查数据计算。

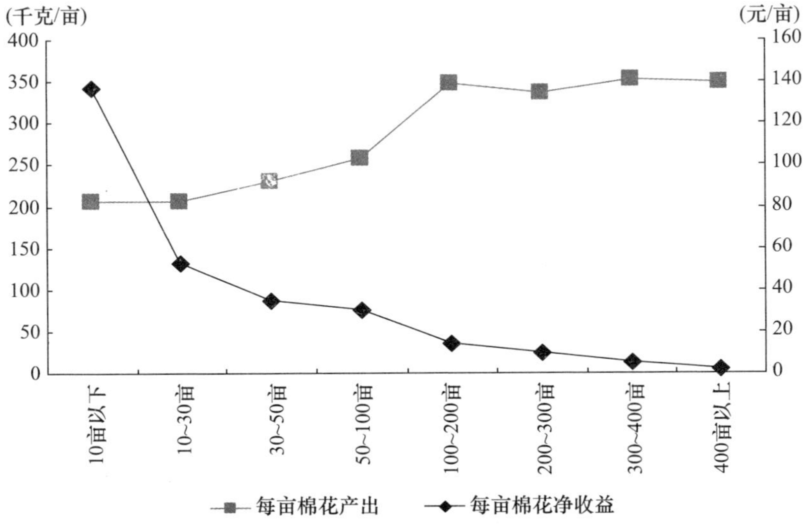

图 7－3 播种总面积对棉花产出和净收益的影响

资料来源：根据农户调查数据计算。

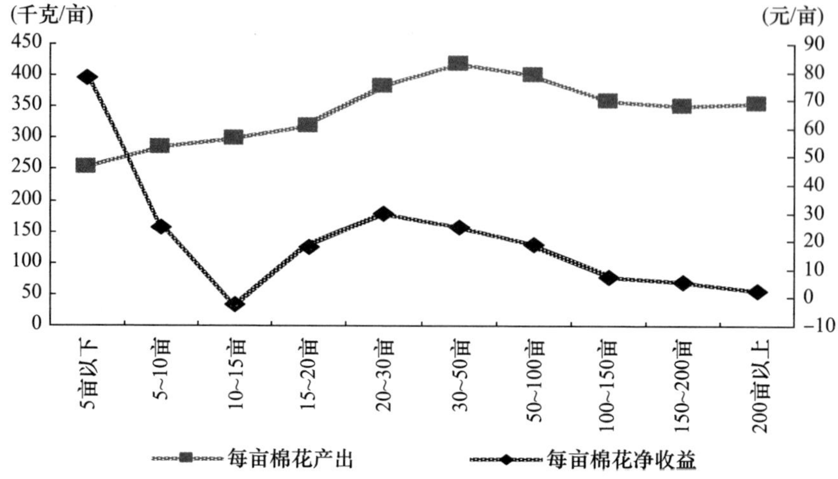

图 7－4　地块面积对棉花产出和净收益的影响

资料来源：根据农户调查数据计算。

家庭农业劳动力数量对棉花产出和棉花净收益的影响，呈现出相反的表现特征。随着农业劳动力数量增加，棉花产出基本为先增后减的趋势，但总体上看，呈现出负向关系。这说明，由于当前棉花属于劳动密集型农作物，一定数量的家庭劳动力能够有效保障棉花产出增加，但是过多，生产效率降低，将使得棉花单位面积产出减少。最有意思的是，随着农业劳动力数量增加，棉花净收益呈不断递增的趋势，乍一看好像不合理。但是，结合当前我国棉花生产雇工费用的不断攀升，实际上该变动趋势恰恰吻合当前我国棉花生产成本收益现实情况。当前，我国劳动力成本已经占总生产成本比重超过了 50%，所以，充足的家庭劳动力数量，可以大大降低雇工成本，增加棉花收益。

对于家庭经济收入对于棉花产出效率和净收益的影响，图 7－6 显示，如同经营规模一样，一方面，随着收入的增加，棉花产出量增加；另一方面，随着收入增加，棉花净收益起初在增加。但当收入超过 8 万元以后，收入增加与棉花净收益呈反向变化关系。其原因主要是由于当前在新疆，棉农收入很高的都是棉花生产大户，所以其变化背离的原因，就如同棉花播种面积对棉花净收益影响一样。所以，再一次证明了当前对于新疆棉花而言，急需棉花生产的轻简化、机械化技术。然而，从非农收入因素看，其对于棉花产出效率和产出效益的影响都是负向的。

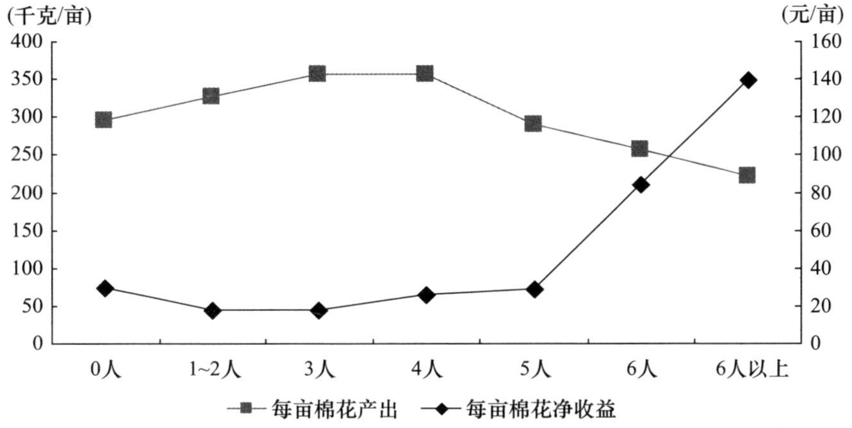

图 7-5　家庭农业劳动力数量对棉花产出和净收益的影响

资料来源：根据农户调查数据计算。

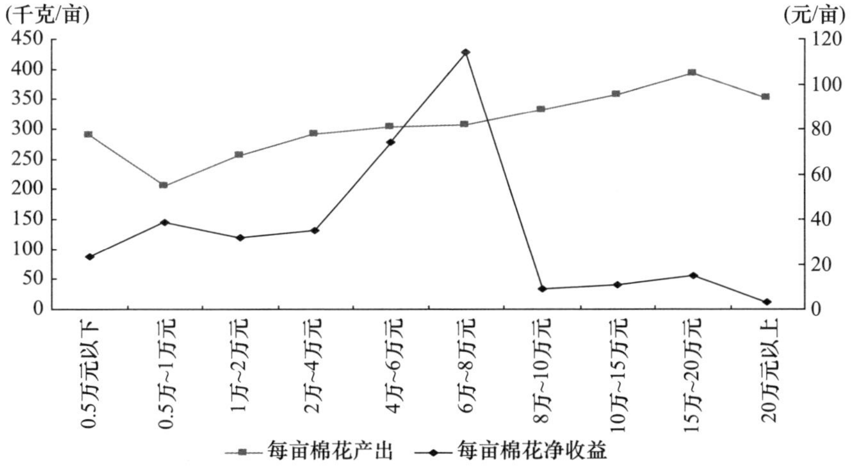

图 7-6　家庭总收入对棉花产出和净收益的影响

资料来源：根据农户调查数据计算。

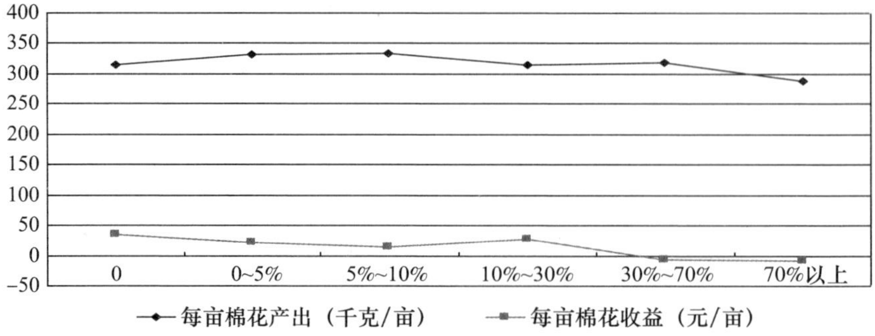

图 7－7　非农收入比重对棉花产出和净收益的影响

资料来源：根据农户调查数据计算。

三、外部制度因素

表 7－1 显示出当前对于新疆棉农而言，影响其棉花生产技术效率的最为重要的 5 种外部制度因素。综合比较看来，首先是集中、规模化和组织化的兵团经营体制对于棉花产出和棉花净收益的影响最大。其次是地区变量、农机推广中心和棉花培训的作用。最后，由于当前新疆棉花合作社作用十分有限，对棉花生产技术效率影响不大。

表 7－1　外部制度环境因素对棉花产出和净收益的影响

单位：千克，元

	兵团经营体制		农技中心作用		农业合作社作用		棉花培训		北疆地区	
	属于	不属于	强	弱	强	弱	强	弱	位于	不位于
每亩棉花产出量	424	293	355	287	343	314	333	294	353	247
每亩棉花净收益	32	28	35	27	24	29	34	27	61	35

资料来源：新疆棉农调查数据。

四、生产技术采用特征因素

鉴于轻简化生产技术是我国棉花技术进步的主要方向，而且由于栽培技术、育种技术在新疆棉花产区差异不是很明显。因此，本部分依然以滴灌技术和机械采棉技术为代表，分析前沿技术进步对棉农生产技术效率的影响。从表 7 – 2 可以看出，两种技术对于增加棉花产出和净收益都有较明显的作用。其中，机械采棉技术的净收益效果最为明显。

表 7 – 2　技术采用对棉花产出和净收益的影响　　单位：千克，元

	是否选择滴灌技术			是否选择机械采棉技术		
	是	否	倍数	是	否	倍数
每亩棉花产出	340	255	1. 3	409	337	1. 2
每亩棉花净收益	41	27	1. 5	59	20	3. 0

资料来源：新疆棉农调查数据。

第二节　计量模型构建与变量选择

一、计量模型构建

由于超越对数生产函数可以避免生产函数形式的误设，同时，既可以估计技术非效率又可以坚固随机噪声，比非参数法更适合农业生产特点。因此，本书选择函数形式比较灵活的超越对数函数形式，具体模型为：

$$\ln Y_i = \beta_0 + \sum \beta_j \ln X_{ij} + \frac{1}{2}\sum_j \sum_m \beta_{jm} \ln X_{ij} \ln X_{im} + V_i - U_i \qquad (7-1)$$

式中，Y_i 表示第 i 个农户棉花产值；X_i 为第 i 种投入要素；β 为未知参数向量；V_i ~ i. i. d. N（0，σ_v^2），为随机误差项，测度误差及气候、环境等不可控制随机因素的影响；U_i 为非负随机变量，表征第 i 个农户的生产技术非效率项，服从截断正态分布 N（$zi\delta$，σ_u^2），且其独立于随机误差项 V_i。根据 Battese 和 Coelli

（1995）提出的技术非效率效应模型为：

$$U_i = \delta_k Z_{ik} + W_i \quad (7-2)$$

式中，Z_{ik}为影响农户非技术效率的因素；δ_k为未知参数向量；W_i 为随机误差项，服从截断正态分布 $N(0,\ \sigma_u^2)$，因为 $U_i = \delta_k Z_{ik} + W_i > 0 \Rightarrow W_i > -\delta_k Z_{ik}$，$-\delta_k Z_{ik}$为截点，与对 U_i 的假设一致。

由式（7－1）和式（7－2）及技术效率的定义可知，技术效率为：

$$TE_i = E(\hat{Y}_i \mid U_i,\ X_i)/E(\hat{Y}_i \mid U_i = 0,\ X_i) = \exp(-U_i) \quad (7-3)$$

如果 $U_i = 0$，则 $TE_i = 1$，该农户在完全技术效率下生产，生产点位于生产前沿面上；如果 $U_i > 0$，那么，农户的技术效率为 $0 < TE_i < 1$，出于技术非效率，生产点在生产前沿面之下。根据 N 个农户的技术效率，可以计算农户的平均技术效率为：

$$TE = \frac{1}{n}\sum_i TE_i \quad (7-4)$$

利用极大似然估计法（ML）可以同时估计随机前沿生产函数的参数以及技术无效率模型的参数。极大似然估计利用了方差参数 $\sigma^2 = \sigma_v^2 + \sigma_u^2$ 以及 $\gamma = \sigma_u^2/\sigma^2$。

二、变量选择与数据来源

根据已有的相关研究结果，结合以上描述统计分析的经验，本章选取的主要变量如表 7－3 和表 7－4 所示。

表 7－3　投入产出变量统计描述

变量名称	均值	标准差	最小值	最大值
棉花净产值（元）	467624	1060571	1200	8880000
土地面积（亩）	145	329	0.6	2400
人工费用（元）	78040	181522	216	1910400
机械投入费用（元）	30947.4	80173.98	109.88	794074.4
中间投入费用（元）	145875	345899	607	2898875

在随机前沿超越对数生产函数模型中，产出变量选择棉花净产值（Y_i），单位为元。各种投入要素变量包括：棉花播种面积（X_1），以亩为单位；人工投入费用（X_2），以元为单位；机械费用（X_3），以元为单位；其他中间投入费用（X_4），包括化肥、农药、地膜等费用，以元为单位。共4个自变量指标。

在技术效率损失函数模型中，用来解释棉农之间技术效率差异的影响因素的变量主要有：Z_1 为第 i 个棉农的民族特征，汉族取1，少数民族取0；Z_2 为第 i 个棉农的受教育程度，1 = 小学及以下，2 = 初中，3 = 高中，4 = 中专，5 = 大专，6 = 大学本科及以上；第 i 个棉农的年龄，为连续变量；Z_3 为棉农种植棉花的年限，连续变量；Z_4 为第 i 个棉农家庭平均每块土地的面积（亩/块）；Z_5 为第 i 个棉农家庭中农业劳动力人数（人）；Z_6 为第 i 个棉农家庭在种植棉花时是否还套种其他作物，有套种为1，没有套种为0；为家庭非农收入占总收入的比重（%）；Z_7 为棉农技术培训情况，接受过棉花种植技术培训的取值为1，否则取值为0；Z_8 为棉花种植中节水滴灌面积比重（%）；Z_9 为是否属于新疆建设兵团组织管理模式，是为1，否则取值为0；Z_{10} 为机械采摘棉花比重（%）。

实证分析数据依然来源于课题组在2012年7～8月对新疆棉区9个县（团场）的棉农实地抽样调查获得。根据本章计量模型中的变量选择，剔除相关变量遗漏的问卷，最终获得806份有效样本。根据调研数据，以上选择的各个变量的描述统计结果如表7－3和表7－4所示。

表7－4　棉农技术效率的影响因素的各个变量的描述统计及预期影响方向

连续变量					
变量	均值	标准差	最小值	最大值	预期影响
受教育程度	2.70	1.12	1	6	+
劳动力人数	2.78	1.37	0	10	−
每块土地面积	69.97	136.78	0.6	800	+
种植棉花历史	17.35	8.26	3	40	+
滴灌面积比重	0.51	0.41	0	1	+
机械采棉比重	0.17	0.37	0	1	+

续表

虚拟变量				
	变量解释	样本数	比率	预期影响
族别	1 = 汉族	610	75.7	+
	0 = 少数民族	196	24.3	
套种种植模式	1 = 套种	269	33.4	−
	0 = 非套种	537	66.6	
兵团经营体制	1 = 属于兵团经营体制	146	18.1	+
	0 = 非兵团经营体制	660	81.9	
棉花技术培训	1 = 接受过棉花技术培训	469	58.2	+
	0 = 没有接受过棉花技术培训	337	41.8	

第三节　估计结果与分析

本书基于 Kumbhakar（1991）和 Reifschneider（1991）的研究成果，将非效率函数植入随机前沿模型，通过 Frontier4.1 软件对超越对数形式的生产函数和非效率函数进行一步法估计。

一、生产函数估计结果

γ 估计值的大小可以反映出设定的随机前沿超越对数生产函数模型对棉农技术效率测算的变异是否具有统计学意义。表 7－5 中，可以发现，技术无效率的方差占总方差的比率 γ 等于 0.9179，并且在 1% 置信水平下显著。这说明，影响棉农产出的各种随机因素对技术无效率的解释率达 91.79%，选取的随机因素指标可以很好地用来分析棉农技术效率损失的主要原因。因此，技术效率在解释产出变异时十分重要，采用随机前沿模型是合理且必要的。

表 7－5　超越对数随机前沿生产模型的 ML 估计结果

变量代码	系数	标准差	T 值
_ *cons*	28.183***	1.883	14.966
$\ln X_1$	7.920***	0.695	11.402
$\ln X_2$	－1.263***	0.181	－6.968
$\ln X_3$	－5.461***	0.563	－9.699
$\ln X_4$	－0.462	0.329	－1.404
$\ln X_1 \ln X_1$	0.605***	0.072	8.429
$\ln X_1 \ln X_2$	－0.237***	0.037	－6.485
$\ln X_1 \ln X_3$	－0.982***	0.101	－9.711
$\ln X_1 \ln X_4$	－0.038	0.066	－0.568
$\ln X_2 \ln X_2$	0.020***	0.010	2.014
$\ln X_2 \ln X_3$	0.210***	0.032	6.641
$\ln X_2 \ln X_4$	－0.003	0.024	－0.134
$\ln X_3 \ln X_3$	0.383***	0.049	7.858
$\ln X_3 \ln X_4$	0.023	0.055	0.410
$\ln X_4 \ln X_4$	0.018	0.012	1.482
σ^2	0.0535***	—	15.47
γ	0.9179***	—	70.46
log 函数值＝454.985	样本数＝806		

注：***、**、*分别表示在1%、5%和10%水平下显著。

根据估计结果和要素弹性计算公式，我们可以计算出各个投入要素的投入产出弹性系数。总体看，棉花播种面积、劳动力、机械与其他中间投入的产出弹性分别为：0.82、0.12、0.11、－0.06。其中，土地的弹性最大，说明目前我国棉花对于播种面积依赖比较大，土地要素报酬仍处于递增阶段。劳动力和机械投入的弹性系数为正，且劳动力比机械投入弹性系数略大一点，这一结果并没有与劳动力投入弹性系数为负数、小于机械弹性系数的预期相吻合。一方面说明加大劳动力和机械投入的边际产出为正；另一方面也告诫我们，由于棉花本性属于劳动密集型农作物，而棉花的劳动力投入机会成本高，实际棉花生产中劳动力投入并未过剩，精耕细作能够进一步加大棉花产出。而中间的生化要素的投入弹性已经为负数，说明目前新疆棉花种植已经存在化肥、农药或者地膜等物质要素过量投入的情况，片面地加大这些物质要素投入并不能带来棉花产值的增加。

进一步分析，将调查样本棉农按照少数民族和汉族、南疆和北疆地区分开进行分析，如表7－6所示，新疆南疆地区和少数民族棉农的棉花投入中，棉花播种面积和人工投入为正数，机械投入和化肥农药等中间投入的弹性系数为负数；新疆北疆地区和汉族棉农，除了其他中间投入外，棉花播种面积、机械和劳动力投入的弹性系数均为正数，且机械投入弹性要大于劳动力投入弹性系数。进一步证明，对于经济落后的少数民族积聚地区，耕种机械化已经基本实施，而劳动力非农就业机会小，棉花劳动力投入的机会成本相对发达区域而言较小，因此，加大劳动力投入比加大机械投入更有利于棉花产出。而对于经济较为发达地区，劳动力非农就业机会大，棉花劳动力投入的机会成本高，因此，相对于劳动力投入产出而言，进一步加大棉花全程机械化更能进一步加大棉花产值。因此，应根据各个投入要素的稀缺程度进行合理配置，不可盲目推进棉花机械化。

表7－6　棉花投入产出弹性系数的估计

	棉花播种面积	人工投入	机械投入	其他中间投入
全部调查棉农	0.82	0.12	0.11	－0.06
新疆南疆地区	0.99	0.09	－0.01	－0.08
新疆北疆地区	0.72	0.14	0.17	－0.05
新疆少数民族棉农	1.05	0.08	－0.05	－0.10
新疆汉族棉农	0.74	0.13	0.16	－0.05

二、样本棉农技术效率结果分析

进一步，借助Frontier软件计算的每个农户的技术效率，将技术效率值分为

8个区间，每个区间的农户样本数量分布如表7－7所示。可以看出，调查样本棉农的最小技术效率值为22.1%，最大值为98.5%，平均技术效率为80.4%。其中，技术效率低于60%的棉花种植农户只占样本的14.5%，而且技术效率值90%以上的农户样本数比重占到了43.67%。可见，新疆棉农的平均技术效率水平较高，基本吻合当前我国棉花生产技术效率基本情况。进一步，也可以得知，以现有的技术水平和投入不变前提条件下，如果消除技术无效率损失，理论上棉花产出还可能增加19.6%，技术效率还有约20%的提升空间。

表7－7 样本棉农技术效率总体分布情况

技术效率值（%）	样本数量	占总体样本的比重（%）	均值	标准差	最小值	最大值
20～30	5	0.62	0.261	0.031	0.221	0.299
30～40	22	2.73	0.364	0.032	0.302	0.396
40～50	37	4.59	0.449	0.031	0.402	0.499
50～60	53	6.58	0.549	0.023	0.500	0.599
60～70	88	10.92	0.653	0.029	0.600	0.699
70～80	112	13.90	0.753	0.031	0.701	0.799
80～90	137	17.00	0.859	0.030	0.800	0.899
90～100	352	43.67	0.948	0.023	0.900	0.985
总体	806	100	0.804	0.174	0.221	0.985

注：本表效率值的区间包括上限，不包括下限。

三、棉农技术效率的影响因素的估计

表7－8为技术非效率影响因素的估计结果。需要说明的是，因为U_i为非效率变量，所以各影响因素的系数若为正号，表示该因素与技术效率之间为负相关，而若为负号，表示与技术效率之间为正相关。

表7-8　棉农技术非效率影响因素的估计结果

变量代码	变量名称	系数	标准差	T值
_cons	_cons	0.617***	0.070	8.873
Z_1	族别	-0.453***	0.036	-12.492
Z_2	受教育程度	0.039***	0.010	3.977
Z_3	种棉历史	-0.002	0.002	-0.692
Z_4	每块土地面积	-0.002***	0.000	-4.653
Z_5	劳动力人数	0.005	0.004	1.345
Z_6	套种经营模式	0.120***	0.028	4.211
Z_7	棉花培训	-0.080***	0.025	-3.131
Z_8	滴灌面积比重	-0.455***	0.045	-10.112
Z_9	兵团经营体制	-0.468***	0.083	-5.626
Z_{10}	机械采棉比重	-0.0002	0.001	-0.161
log函数值=454.985　样本数=806				

注：***、**、*分别表示在1%、5%和10%水平下显著。

（一）正向影响因素

首先，“兵团式”经营体制影响程度最高。从技术效率影响因素回归结果看，是否为兵团经营组织变量不仅显著而且其系数值最大，表明其是影响技术效率的最重要因素；从兵团与非兵团农户技术效率均值看，兵团农户的平均技术效率均值为0.9459，而非兵团农户平均技术效率仅有0.7727，兵团农户的技术效率是非兵团农户技术效率的1.2倍。在我国，新疆建设兵团的棉花生产，依赖其强大的家庭联产承包经营体制，确保棉花生产从冬耕、春播、水肥、农药、除草等田间管理到采摘过程都实现了高度的统一化经营。棉农棉花种植技术先进，使得其棉花生产技术在全国乃至全世界都处于领先地位。

其次，滴灌面积比重的影响也非常显著。从技术效率影响因素回归结果可以看出，滴灌面积比重变量不仅显著且为第二大正向影响因素。说明，棉花节水滴灌模式对棉花技术效率产生重要影响。比较滴灌与非滴灌技术下的平均效率值发现，采用滴灌方式的平均技术效率为0.8507，而未采用滴灌技术的平均效率仅为

0.6856，两者技术效率相差0.1651。滴灌技术已经成为农业水资源短缺地区的节水技术，不仅可以有效减少化肥、农药、人工等生产要素的投入，有利于提高投入要素的利用率，而且有利于增加棉花产出。

最后，族别是第三个对棉农技术效率影响产生极强正向影响的变量，在20%显著水平上正向影响棉农技术效率水平，说明当前汉族棉农较少数民族棉农具有更高的技术效率。汉族棉农平均技术效率值为0.88，而少数民族棉农平均技术效率值为0.58，汉族几乎为少数民族的1.5倍。

棉花技术培训和地块面积变量影响极为显著，但影响程度较小。其中，棉花培训有利于传播先进的棉花种植技术，从而提高棉农运用先进棉花生产技术的能力。地块面积最能代表棉农经营规模。土地的细碎化使得农户无法实现规模经济，小规模的经营方式阻碍了先进机械设备和技术的推广，并且难以控制病虫害，土地的过度细碎化将造成农户技术效率的损失。因此，地块面积越大，越有利于技术规模经济的发挥，促进其采用更科学、更先进的棉花种植技术。

此外，种棉历史和机械采棉比重对棉农技术效率的正向作用力的影响不显著。其中，种棉历史体现了棉农种植经验，这个因素影响不显著主要源于该因素对于技术效率的影响的倒U形规律。在一定时期内，棉花种植历史越长越能够掌握棉花种植技术，技术效率越高；但是，超过一定年限后，种棉经验越多又会产生故步自封的意识，阻碍新技术的采用，导致相对技术效率的下降。而机械采棉比重因素的正向因素影响不显著，主要源于该因素正向作用在当前棉农中的作用有限。

（二）负向影响因素

套种经营模式是最大的负向影响因素。虽然，棉花与粮食作物、经济作物间作套种可以有效提高农作物复种指数和土地利用率，即间作套种模式能够提高农业总产值，但是由于本书对于技术效率测评的因变量选取的是棉花产值，而非农业产值。实证结果表明，这种套种耕种模式的综合收益是以棉花技术效率的下降为代价的。

受教育程度对于棉花技术效率有负向影响，这一估计结果表面上与许多研究结果不一致。但仔细观察，小学、初中、高中、中专、大专、大学及以上每个层次受教育程度的棉农平均技术效率值分别为0.64、0.77、0.87、0.90、0.80、0.77。可见，在中专以前随着教育程度的提高，棉农的技术效率呈递增的趋势，但中专以后，教育对棉农技术效率的影响呈现负影响。这一倒U形变化符合我国农民技术效率现实。一定的教育水平有利于棉农技术效率的提高，但受教育程度过高的年轻农民，非农就业机会更大，很难专心于棉花生产种植，技术效率相对于高中和大专的棉农低。同时，也基本吻合其他学者的研究发现。因为这些学者关于受教育程度对农户技术效率的影响，在最高受教育程度方面一般只设置为高中及以上。

农业劳动力人数对棉花生产的技术效率的影响为负，但不显著。由于棉花天性属于劳动密集型农作物，充足的劳动力资源保障是棉花技术效率提高的前提，在资金短缺的情况下，充足的农业劳动力人数保障了棉花生产的精耕细作，有利于棉花技术效率的提高。但是，在农业劳动力机会成本越来越大的大环境下，劳动力投入成本也越来越高，农业劳动力投入超过一定的界限后，投入增多，将导致棉花技术效率的下降。可见，棉花劳动力投入成本大，约束农民投入过量劳动力，使得理论上预期为负向的影响不显著。

本章小结

本章在相关文献的基础上，避免了分析技术效率的“两步法”悖论，利用新疆地区806个棉农实地调研数据，估算了每个棉农的技术效率值，并且实证分析了棉农个人、家庭特征以及经营体制等组织制度等对其技术效率的影响。研究的主要结论有：

（1）抽样调研的806户新疆棉农的平均棉花技术效率为80.5%，说明总体看，新疆棉农技术效率平均水平比较高，但还是有一定的提升空间。

（2）选取的棉花生产过程中的四个主要投入要素对棉花产出的边际报酬具有一定差异。其中，棉花播种面积边际报酬最高，劳动力投入和机械投入在不同样本类型中表现出明显的差异性，而化肥农药等中间投入的边际产出已经为负。可见，棉花投入要素配置结构要因地制宜，不可盲目推进棉花全程机械化技术。

（3）对棉农技术效率影响最为关键的促进变量为兵团模式的经营管理体制和滴灌面积比重。可见，当前要提高我国棉花技术效率最为关键的举措是提高集体经济组织效能，加强家庭联合经营体制的运作机制；加大农业基础设施投资力度，尤其要重视节水滴灌公共水利工程的建设。棉花技术培训和地块面积对技术效率也有十分显著的正向影响。

（4）对棉花技术效率影响最为显著的负向作用是套种经营模式，其次是受教育程度，而农业劳动力人数对棉花生产技术效率的影响不显著。

第八章 研究结论与政策建议

第一节 研究结论

中国棉花生产供需缺口不断扩大，我国的战略性产业——棉花产业受到安全威胁，提高棉花技术进步是稳定和提高棉花生产供给能力的必然选择。本书立足于这一现实研究背景，利用宏观数据和微观数据，运用规范研究和实证研究、统计分析和计量分析等相结合的多种研究方法，从不同角度和侧面对中国棉花技术进步的作用和源泉、趋向、推进因素和制约因素展开较深入研究。系统归纳本书的实证研究，得出如下总体性结论。

一、技术进步是中国棉花生产增长的动力源泉，但呈现出疲软性特征

本书运用非参数 DEA 模型，根据 1990～2010 年的 12 个棉花主产区的面板数据，测算了 21 年中国棉花生产增长中技术进步作用。结果表明 21 年间技术进步率的平均年增长率为 2.1%，利用 C－D 生产函数，测算的“索洛余值”的增长率为 1.6%，技术进步的贡献率已经超过了 75%。可见，技术进步是中国棉花

生产增长的主要动力源泉。虽然技术进步对中国棉花生产增长起到了十分重要的作用，但不可忽视的是，进入21世纪后，这种十分重要的促进要素的作用力呈现出波动减弱的特征。利用DEA模型测算的，1990～1994年、1995～1999年、2000～2004年和2005～2010年四个阶段中，中国棉花TFP年均增长率分别为8.1%、5.2%、1.5%和－1.7%。利用拟超越对数生产函数模型测算的技术进步率也趋于下降。可见，1990～2010年中国棉花全要素生产率的增长趋势不断减缓。

因此，在保持现有土地、劳动力和生化物质要素投入增长速度不变的前提下，进一步提高棉花生产技术进步水平，是当前实现中国棉花生产增长方式转变，稳定和促进中国棉花生产供给能力的必然选择和首要解决的问题。

二、前沿技术进步是中国棉花技术进步的核心动力，技术效率是其障碍要素

技术进步的源泉可以分为前沿技术进步（TC）和技术效率（TEC），根据非参数DEA模型的估计，总体上看，1990～2010年，中国棉花前沿技术进步率对TFP的贡献为182.2%，技术效率的贡献为－79.59%。从中国棉花TFP构成变动的时序变化看，TFP变化率与前沿技术进步率（TC）的波动如影随形，与前沿技术进步率呈现出高度顺期性；而与技术效率（TEC）变化率往往相背离。从三大棉花主产区和12个棉花主产地棉花TFP波动看，前沿技术进步也是TFP增长的动力源泉。中国棉花技术效率损失严重，是纯技术效率与规模效率双重制约的结果，且纯技术效率比规模效率的制约性更加突出。21年间，纯技术效率和规模效率分别增长了－1.1%和－0.5%。

此外，不可忽视的现实是，进入21世纪后，由于我国棉花科研创新能力低，或者因为棉花新技术扩散受阻，前沿技术进步作用下降，使得中国棉花的TFP值在2005～2010年已经为负数，为－1.7%。由于前沿技术进步是技术进步的主要动力源泉，没有前沿技术进步，棉花技术进步则成为无源之水。所以，当前我国棉花技术进步的重点依然在于加强棉花技术创新能力，尤其是新技术的扩散。同

时，要着力提高棉农技术效率，使得技术效率成为前沿技术进步的促进因素。

三、棉花生产轻简化和机械化是中国棉花技术进步的必然趋势

根据 C－D 生产函数估计结果，当前我国棉花生产中，土地弹性系数最高为 0.77；其他物质资本和机械的弹性系数为正数，而劳动力和生化物质要素的产出弹性已经为负数。从动态变化趋势看，根据拟超越对数生产函数计量模型的估计结果，也进一步证明了当前我国棉花生产要素稀缺程度最高的是土地，但该要素难以增加。关于劳动力、化肥农药、机械及其他物质费用的弹性系数和贡献率大小变动趋势基本为，农药化肥和人工的投入产出弹性趋势不断下降，而机械作业作用不断显著，机械投入弹性系数及其贡献率处于上升态势。尤其是 2006 年后，机械弹性系数及其贡献率已经开始超过了生化要素、劳动力和其他物质资本要素，成为土地要素后第二重要的生产要素。

可见，由于土地要素难以增加，劳动力价格不断上升、生化要素投入边际产出为负，促使中国棉花技术进步朝着以机械化为代表的轻简化生产技术路径迈进。唯有使得棉花生产变得轻简化，才能降低棉花生产成本，提高农民种植棉花积极性，稳定棉花种植面积，提高棉花技术进步效率。

四、轻简化和机械化技术采用对于棉农收益具有积极的促进效应，但是各种因素影响棉农采用该技术

轻简化生产技术是中国棉花生产技术进步的宏观趋向，本书选取在新疆最具代表的两种轻简化生产技术类型，棉花膜下滴灌技术和机械采棉技术为例，对中国棉花生产技术采用差异因素进行了研究。基于倾向匹配方法（PSM）的评估，两种先进轻简化生产技术对棉农收益具有明显的积极促进作用，且机械采棉技术比膜下滴灌技术的效应更高。但由于各种因素的限制，使得很多棉农并不能采用该技术，并且机械采棉技术采用的倾向要远远低于棉花膜下滴灌技术采用倾向。

五、在棉花技术采用过程中，技术本身的进入成本门槛过高是首要因素，外部制度环境因素是主要因素，而农户和家庭本身特征因素影响较弱

利用Logit计量模型，估计结果显示，同一变量对农户两种棉花生产技术采用决定的影响具有一定的差异性。

首先，从技术属性大类看，技术本身特征因素变量，主要是指技术获取难易程度等技术进入成本门槛是影响棉农能否采用一项新技术的首要关键变量。如机械采棉技术相对于棉花膜下滴灌技术在新疆更具有“新技术”特性，采棉机购买成本单一农户难以单独承担，机械采棉农机服务难以获取、机械采棉种植技术农户难以掌握以及机械采棉花无便利销售渠道等这些技术采用的进入成本门槛是影响棉农是否采用机械采棉技术的首要制约因素。

其次，外部制度环境因素影响也很重要。当某项技术进入成本趋于降低后，进入技术推广的中期过程中，对于经营组织体制的统一、规模化经营要求更强烈。因此，农技推广中心和棉花培训的作用显得尤为重要。

再次，农户和家庭特征变量影响重要性最弱，由于年龄、族别、土地规模和受教育程度在两个技术中作用具有一定差异性，决定了要从外部诱导推进两种技术扩散，应有的放矢、侧重点不同。

最后，因为“滴灌面积比重变量”显著地促进棉农机械采棉采用决定，而且PSM估计结果也证明，当前棉花膜下滴灌技术平均采用倾向要高于机械采棉技术采用倾向。因此，对于两种技术实施的先后性而言，棉花膜下滴灌技术应先行。

六、经营管理体制和农业基础设施是当前影响中国棉花生产技术的关键因素，棉花培训和经营规模是重要因素，农户个人特征因素影响有限

利用随机前沿超越对数生产函数模型，估算的调查样本棉农的总体平均技术效率值为80.5%，说明新疆棉花生产技术效率比较高。但棉农之间生产技术效率

差异比较大，兵团模式的经营管理体制和滴灌面积比重是最为显著的促进要素，棉花技术培训和经营规模对技术效率也有十分显著的正向影响，而套种经营模式对于棉花生产效率有显著的负向影响。

第二节　政策建议

本书基本政策建议为：技术进步是稳定和提高中国棉花供给能力的关键，坚持以改进棉花技术进步为目标，促进中国棉花集约型生产增长方式转变。要实现我国棉花技术进步，一方面要以推进前沿技术进步为前提，另一方面要以提高棉花生产效率为着力点。具体政策含义如下。

一、保持棉花产区“三足鼎立”格局，力争稳定我国棉花播种面积

根据实证研究，棉花播种面积变量是影响我国棉花产出增长的首要变量，产出弹性在0.7以上。因此，为了保障我国棉花供给能力，必须稳定我国棉花播种面积。在今后相当长时间内，全国棉花布局要坚持长江流域、黄河流域和西北内陆三大产区的均衡原则，要保持棉区布局“三足鼎立”的优化结构。并且，要根据棉花耐盐碱和抗旱的生物学特性，在宜棉盐碱地大力培育新棉区，主要包括黄河的滨海盐碱地、辽河流域、黄河中上游的内蒙古和宁夏引黄灌溉的高温区等。

二、加强棉花轻简化和机械化技术创新研究，推动棉花前沿技术进步

推动前沿技术不断进步是提高我国棉花技术进步的基本前提和基础。研究结果表明，棉花技术进步是中国棉花近年来获得增长的主要原因，但近期该贡献率呈现出疲软现象。其重要原因是，中国棉花技术支持跟不上现实棉农生产技术需

求。实证结果已经充分证明了，当前我国各个棉区技术转变的具体方向是棉花生产的轻简化和机械化，即在技术改进方面，除了继续加强优良棉花品种培育、增密增产技术、测土配方施肥技术、盐渍地植棉技术研发和扩散外，更急需用轻简化生产技术代替传统的劳动密集型的精耕细作经营方式。

建议国家要重点对于棉花轻简化育苗技术、机械化移栽技术、机械采棉技术、膜下滴灌高产技术等栽培农艺技术和机械化的农机研发技术进行专项扶持，要研制轻简化栽培、工厂化育苗、机械化栽植和收获技术，尽快研制适合于不同耕种模式，如棉田套作，小块棉田的大、中、小型的耕、种、管、采收等农机具，实现农艺和农机的有效融合。在技术研发基础上积极推广棉花生产轻简化和机械化技术。主要包括三个环节的突破：在棉花种植前，要实现棉花工厂化育苗和机械化移栽的现代轻简化植棉技术；在中间管理中积极研发推广清洁无污染地膜覆盖技术、滴灌和排渍以及滴灌肥水耦合技术、施肥技术、统防统治自然灾害防御体系，力争在耕整地、播种、施肥、中耕和统防统治方面实现集成创新，实现棉花管理的轻简化；在棉花采收后期，积极研发适合我国棉花种植模式的采棉机具，深入解决机械化收获籽棉的瓶颈，在有条件区域推进棉花采摘机械化施肥、中耕培土等工厂化、机械化和半机械化植棉技术，可以减轻棉花劳动强度，提高效果。同时，建立和改善统防统治自然灾害防御体系的防灾减灾能力。

三、因地制宜，采用差异化棉花技术进步策略

轻简化生产技术是中国棉花技术进步的必然选择，但由于棉花生产的经济、社会和农业资源禀赋条件不一致，诱导的技术进步路径具有一定的差异性，并且在推进过程中侧重的重点也不同。

对于新疆棉区要推进机械化采收技术，加强轻简化和机械化植棉技术的集成，在配套性和可操作性上取得进展。其中，新疆建设兵团棉花主产区，棉花地块规模、棉花基础实施条件、外部经营管理制度都已经具有良好的基础，棉花技术进步重点在于进一步降低机械采棉技术采用成本门槛，加大该技术的实施力

度。对于如新疆北疆地方棉区，经济发展水平较高，非农就业机会成本较高，棉花劳动力成本不断扩大，棉花生产轻简化和机械化推进的策略依旧在于加强棉花滴灌技术的采用和使用效率，进行棉花耕地整理，扩大棉花生产联合经营规模，技术的突破点在于外部经营组织管理体制的创新。借鉴新疆建设兵团棉花技术推广服务体系的经验，着重于农技人员的培训，以年轻人中受过更高水平教育的棉农，尤其是棉花大户为典型示范户，促进他们进行联合经营，提高棉花生产的组织化。对有意愿和有条件的区域逐步实行机械化采棉。

对于黄河流域棉区和长江流域棉区，由于粮比棉的生产轻简化比较优势更突出，棉花生产轻简化和机械化技术以棉花栽培轻简技术为主，积极尝试机械采棉技术。其突破点依旧在于切实加强基层农技推广中心的技术推广能力，构建立体式多位一体的农业技术扩散体系。同时，顺应两大区域棉花劳动力紧缺的现实，激励家庭联产承包经营机制的有效运转，促进棉花生产的规模化、有序化、高效化。长江流域要突破机械化移栽，黄河流域突破机械化采收关键技术。

四、加大技术扩散服务体系创新力度，有效促进先进棉花生产技术转化，提高技术效率

实证研究结果证明，对于棉花新技术尤其是像节水滴灌技术及机械采棉技术等轻简化和机械化生产技术的扩散，对于我国棉农生产技术效率的提高，共性的主要制约因素在于棉花生产经营组织管理体制、基层农业技术扩散服务体系功能乏力。我国棉花生产要走上轻简化、机械化和高效化之路，其关键是建立如同新疆建设兵团一样的运转有序、高效的棉花生产经营管理服务组织，实行棉花生产过程的统一化。

创新统一服务机制，提升棉花生产技术服务体系的服务效能，降低棉花技术进入成本门槛。组建统一的育苗基地、农机服务组织，大力推进统一服务，减轻劳动强度和生产成本。如组建专业化棉花生产技术指导队伍，实行病虫草害的统防统治；建立基质规模化育苗基地，实行集中育苗，机械化移栽；组建统一的机

耕队，实行统一深耕、征地、播种和灭茬还田；甚至组建统一的采棉机服务组织，实行统一有序机械采摘棉花。

加强家庭联合经营体制作用力，提高我国棉花经营的组织化程度。棉花种植生产的劳动强度非常大，具有“费劳、费工、费时、费钱”的“四费”特征。机栽技术、节水滴灌技术和机械采棉技术的采用是棉花种植实现轻简化生产的必然选择。无论是哪类技术都具有技术整体性强、规模经济效应大的特点，小规模单个农户使用成本或效益外溢过高，必须加强家庭联合经营管理体制的作用力，公共投资或者联合使用，确保棉花生产各个环节统一、有序、高效地进行。实地调研过程中发现受教育水平高的年轻棉农，思想开放，联合种植棉花意愿比较强烈。因此，政府要对该群体进行重点扶持，给予适当补贴，适时进行技术培训和田间指导，鼓励该群体棉农之间形成有效联合，构建家庭联产经营机制，形成示范效应。

五、加大政府扶持力度，完善相关配套政策支持

棉花技术进步是广义的技术进步，除了狭义的物化技术进步，更为重要的是对于狭义技术进步具有强大推进作用的制度因素。其中，政府的相关扶持政策不可忽视。根据当前中国棉花生产技术的需求，本书认为应该对棉田基本建设、棉花农资补贴、采棉机购置补贴、扎花厂机械采棉收购加工设备改造、机械采棉国储收购五个方面进行政策支持。

加大棉花农业生产基础设施条件，降低棉花生产成本。棉花属于技术密集、劳动密集和物质投入密集的大田经济作物。在自然灾害不断加强的全球形势下，干旱、冰雹等异常气候增加和病虫草害发生量增多，棉花种植的难度加大，使得棉花用工、种子、排灌、农药等物质投入不断增加。实证分析结论证明，滴灌等现代农业基础设施对棉花技术采用和技术效率的作用很大。因此，需要进一步加大农业和棉花投资，改善棉花生产条件，提升其应对自然灾害的防控能力，进而降低棉花生产成本。

出台最低价格支持政策。根据实地调研中棉农反映，按照当前棉花生产成本，籽棉最低售价不应低于8元/千克，而全国棉花检测数据反映为不低于7.6元/亩[①]，结合两者，建议我国棉花最低收购价格为7.5元/亩。

提高良种补贴强度。因为近几年，全国棉花生产种子费用平均在30～35元/亩（毛树春，2009）。根据这次调研，实际上优良棉花品种，已经达到了50元/亩，所以我国棉花在良种补贴全覆盖的基础上，补贴金额应从15元/亩至少提高到30～35元/亩。

提高棉花补贴额度和范围。建议国家对购置采棉机、改造机械采棉技工生产线给予相应补贴，推动我国棉花机械采收，降低技术采用进入成本门槛，从而缓解棉花采摘雇工压力。

尽快出台机械采棉检验验收标准和国储收购政策。棉花采摘机械化是棉花发展的必然趋势，因此，国家应尽快出台机械采棉验收标准以及国储收购政策，以解棉农采用机械采棉技术的后顾之忧。

六、设立新疆棉花问题的专项研究，增强新疆棉区可持续发展能力

新疆是我国最大的棉花生产基地，棉花生产具有很高的比较优势，在我国棉花生产中占有十分重要的地位。但是，新疆棉花属于典型的“石油棉花”，在物化成本和雇工劳动力成本双重大幅度上涨的压力下，新疆植棉收益不断下降，使得农民种植棉花积极性受挫。再加上，新疆棉田长期连作，棉花病虫害越来越严重，棉田以低产田为主，可持续发展潜力弱。这是当前新疆棉花面临的两大突出问题和挑战。由于新疆棉区可持续发展对于全国棉花产业经济具有重要的战略意义，因此，应在国家层面上加以重视，进行专项研究和大力支持。中央要出台更有利于新疆棉花发展的专项优惠政策，统筹解决棉果水的协调发展，提高棉农收益，保持新疆棉花生产供给稳定，力争300万吨棉花供给力不下降。

---

① 资料来源：毛树春主编的《中国棉花生产景气报告》（2011），第163页。

加大研发和使用新疆棉田轮作制度、低产田培肥治理机制、地膜覆盖替代品及盐碱地综合治理技术，并出台相应国家专项补贴，需要尽快恢复和建立棉田用养制度，建立棉花增产的长效机制。加强研究新疆杂交棉植种技术，选育和引进二代杂交种在新疆棉花生产中进行应用。加大病虫害发生的检测和综合防治技术的研究和应用。加大对新疆棉花统防统治自然灾害防御体系构建的投资力度，开发适合新疆“绿洲农业”特殊的棉花病虫害农业防治、生物防治、物理防治和化学防治等综合防治技术，研究开发和使用人工干预天气技术，提升防灾减灾能力。

而且，农民普遍反映，棉花难伺候，从每年4～10月，打杈、施肥、打药没有闲暇的时候，忙不过来还得请临时工，耗时、费力、费钱，划不来。

植棉比较效益下降、农民挣钱门路的多样化等，使农民植棉的积极性越来越低。据德州市棉花协会调查，2009年在棉价创历史新高的情况下，德州市秋种拔棉种麦的超过10%。

面对植棉比较效益不高、农民植棉意愿下降的现实，今后棉花产业将走向何处？业内专家认为，只有提高了棉花种植的比较优势，农民真正得到实惠，才能激发棉农植棉热情，扩大棉花种植面积。

首先，应加大政策支持力度。国家应参照种粮补贴办法，出台种棉补贴政策，同时增加棉花种植农资综合补贴；出台扶持棉花专业合作社发展的优惠政策；每年安排专项资金，在主产棉区建立优质棉基地县；制定棉花最低收购价的实施措施和方法，保障棉农利益。

其次，政府有关部门应及时向农民提供棉花供求信息及先进种植技术。大力推广科技兴棉、科学治虫，实施联防联治，根据虫情测报，统一喷药时间、统一用药，降低治虫成本，提高治虫效率。鼓励农民成方连片规模种植，正确引导农民适当扩大棉田面积，促进棉花产业的健康发展。

附　　录

新疆棉农生产与技术采用情况问卷调查

调查人员姓名：____________　　　　　　问卷编号：____________

调查时间：____________年____________月____________日

调查地点：____________________

一、调查区域基本情况（询问村干部）

1. 调查地地理环境属于（　）。

A. 平原　　　　　　B. 丘陵　　　　　　C. 山区

2. 该村距离县城有________公里。

3. 调查地有________户农户或者职工，总耕地面积________，其中：灌溉耕地面积________亩，占________%；滴灌面积________亩，占________%；渠灌面积________亩，占________%。

4. 今年农作物总播种面积________亩，棉花种植面积________亩，棉花种植面积比重________%。

5. 现在棉花种植面积比以前少了还是多了?

A. 多了　　　　　　　　B. 少了

最多的时候，该乡镇棉花种植面积________亩。

6. 调查地有没有采棉机械化服务部门？目前拥有的采棉机有________台，机械采棉面积比重________%。

7. 目前调查地棉花生产合作社，本县有________个，本镇有________个。

目前调查地棉花生产合作社，本团有________个，本师有________个。

8. 棉花病虫害统防统治体系建设情况是（　）。

A. 没有实质性建设　　　　B. 正在建设中　　　　C. 已经建成

9. 棉花自然灾害预警体系（　）。

A. 没有实质性建设　　　　B. 正在建设中　　　　C. 已经建成

10. 调查地是否与棉纺企业建立了稳定的供销关系?

A. 没有　　　　　　　　B. 有：企业名称____________

11. 调查地是否与某些农业科研院校建立了稳定的技术服务关系?

A. 没有　　　　　　　　B. 有：农业科研院校名称__________________

12. 该乡镇棉花良种覆盖率________%。

13. 该乡镇棉花连片种植面积平均________亩，棉花间作面积________亩。

14. 棉花技术服务机构有________。

15. 村级人均农户年收入水平________元，棉花收入占农民农业收入比重________%。

二、农户家庭（或农场职工）基本特征

1. 您的家里有多少劳动力，分别主要做什么工作，大概能挣多少钱？民族________。

	性别	年龄	教育水平	主要做什么			
				在家干农活一年多长时间	出去打工一年有多长时间？主要做什么工作？大概能挣多少钱	在外做什么生意？每年收入大概多少钱	其他：请填写工作类型，一年收入
1							
2							
3							
4							

家庭劳动力平均年龄：　　　　　　　　　　　　平均受教育程度：

家庭（或农场）种植棉花历史：

第1个请填写被调查者的信息，若是农场则只填写农场主的信息。

其他工作类型主要包括：教师、村干部、乡镇及以上政府干部等，请具体写出来。

2. 您的家里有没有商店、修理铺等店铺？（多选）

A. 商店，一年收入______元　　B. 修理铺，一年收入______元

C. 理发店，一年收入______元　　D. 小饭店，一年收入______元

E. 其他：_______，一年收入______元

3. 您的家里人有没有会做手工艺活的？（多选）

A. 裁缝：一年收入______元

B. 织毯子，一年收入______元

C. 泥瓦匠等，盖房子一年收入______元

D. 干运输，一年收入______元

E. 犁地、耕地、翻地、收割机等农业机械作业，一年收入______元

F. 其他：________________，一年收入______元

4. 您家庭有________只羊，去年大概卖了________只羊，每只羊________元；有________头牛，去年卖了________头牛，每头牛________元。

5. 现在一共种了________亩地，这些地一共分成________块。其中：

5.1 国家分了________亩地。

5.2 从村里或者团里承包了________亩地。

5.3 转租给别人________亩地，收取的租金是________元/亩。

5.4 从别人那承租了________亩地，租金是________元/亩。

6. 现在每亩地大概要给村里或者连队交________元/亩管理费，或交棉花________千克/亩。

6.1. 上面的管理费中包不包括水费？(　　)

A. 包含　　B. 不包含

6.2. 上面的管理费中包不包括棉花种植保险费？(　　)

A. 包含　　B. 不包含

7. 保险费大概是怎么交的？________________________

8. 家里种棉花有________年了，种棉花最多的年份是________年，大概种了________亩棉花。

9. 去年您种了________亩棉花，共产了________吨籽棉，卖价是________元/千克。

10. 今年种________亩棉花，是分________块地种的。几块地是连在一起，还是分开的？(　　)

A. 分开的　　B. 连在一起的

11. 今年种的棉花是有多少亩是与其他农作物套种的，比如与红枣、核桃套种？

A. 没有间作，单一种棉花　　B. 有________亩与红枣兼作

C. 有______亩与核桃兼作

12. 今年除了种棉花，您家里还种了些什么，比如玉米、小麦、红枣、苹果等？分别种了多少亩？

	小麦	玉米	棉花	红枣	苹果	核桃			
播种面积									
产量									

续表

	小麦	玉米	棉花	红枣	苹果	核桃			
销售价格									
农业总收入									

13. 农资供应方式：种棉花的种子、化肥、地膜、农药等农资一般怎么获得？（　　）

A. 合作社统一供应　　B. 由连队统一供应

C. 村委会统一供应　　D. 自己到村上或镇上或县内的农资服务商店购买

E. 由合作的企业负责分配

14. 今年种棉花有哪些牌子的种子？买了（　　）千克/亩种子，花了（　　）元/千克。

种子品种名称	购买的种子数量	购买价格	种子质量评价
1			
2			
3			

15. 今年种棉花，化肥使用大概是什么情况？（根据农户回答的情况，填写在相应位置，并非所有问题都要回答）

	二胺	尿素	钾肥	有机肥	其他	所有化肥投入
每亩大概使用多少千克						
或者每亩大概使用多少袋						
每袋多少千克						
每袋多少钱						
或者一共购买了多少吨						
或者一共购买了多少袋						
或者一共花了大概多少钱						

或者有可能部分少数民族农户会回答如下：

	黑化肥	白化肥	其他	所有化肥投入
每亩大概使用多少千克				
或者每亩大概使用多少袋				
每袋多少千克				
每袋多少钱				
或者一共购买了多少吨				
或者一共购买了多少袋				
或者一共花了大概多少钱				

16. 今年种棉花，农药大概每亩用了________千克，或者每亩花了________元，或者总共花了________元。

17. 今年种棉花，地膜每亩用了________千克，每千克花了________元。

18. 您家棉花浇水是用什么浇灌？（多选）

A. 滴灌：滴灌面积________亩，浇水费________元/亩

B. 渠灌：渠灌面积________亩，浇水费________元/亩

18.1 如用滴灌，滴灌的主管道是自己铺的，还是政府或连队统一铺的？（　　）

A. 自己挖井铺的　　　　B. 统一铺的

18.2 如有滴灌，今年滴灌的滴灌带每亩大概________米，每米大概________元。

19. 去年摘棉花，您雇用了________个采棉工，一共支付了________元，吃饭伙食费大概花了________元。

20. 去年摘棉花，有________亩棉花是用采棉机摘的，采棉机采摘了________千克棉花，支付________元。

21. 今年摘棉花，怎么采？

A. 全部用采棉机　　　　B. 全部用人工采摘

C. ________亩用采棉机采，________亩用人工采

22. 有些棉花或者全部棉花不用采棉机采摘的原因是什么？（　　）

A. 没有采棉机　　　　　　　　B. 不会种植采棉机要求的棉花

C. 采棉机采的棉花价格太低　D. 采棉机采的棉花不好卖

E. 棉花地块小采棉机进不去　F. 采棉机供应不上

G. 其他：______________________________________

23. 您觉得采棉工难找吗？（　　）

A. 难找　　B. 还可以

24. 采棉机您是怎么找的？（　　）

A. 自己买的　　　　　　　　B. 自己掏钱请有采棉机的人来采摘

C. 政府或者连队统一用采棉机采摘

25. 去年种棉花，因为找不到采摘工人而造成棉花损失________千克。

26. 去年种棉花，因为病虫害等原因，每亩大概损失________千克棉花。

27. 去年种棉花，因为暴风雨冰雹等天气原因，每亩大概损失________千克棉花。

28. 您觉得种棉花与种小麦、玉米等相比较，收益怎样？（　　）

A. 收益较好　　　　　　　　B. 收益较差

29. 未来几年您是否愿意进一步加大棉花种植面积？（　　）

A. 扩大棉花种植面积　　　　B. 减少棉花种植面积

C. 保持现在种植规模　　　　D. 不想种棉花，改种其他

F. 不种棉花，出去打工　　　E. 不清楚

30. 您觉得家里人对于种棉花栽培管理技术掌握如何？（　　）

A. 比较好　　B. 一般　　C. 不行

31. 在棉花种植中，您觉得村委会或者团部连队对您影响或者帮助大吗？（　　）

A. 作用很大　　B. 作用一般　　C. 几乎没有什么作用

32. 如果遇到病虫害等难题，您一般向谁寻求帮助或者咨询？（多选题）（　　）

A. 种棉花大户　　B. 农业合作社　　　C. 村委会

D. 团部连队　　E. 农资公司或者农资店　F. 农技站的技术指导员

H. 农业科研院校　I. 凭自己经验　　J. 其他：________

33. 您种棉花有没有参加农业合作社？对您棉花技术或者棉花生产难题的解决作用大吗？（　　）

A. 没有　　B. 参加了，作用较大　　C. 参加了，作用不大

34. 您种棉花这些年，有没有与一些企业取得联系？对您棉花技术或者棉花生产难题的解决作用大吗？（　　）

A. 没有　　B. 有过，作用较大　　C. 有过，作用不大

35. 您种棉花过程中，有没有接受过一些农业科研院校的专家指导？对您棉花技术或者棉花生产难题的解决作用大吗？（　　）

A. 没有　　B. 有过，作用较大　　C. 有过，作用不大

36. 目前棉花生产中，面临的主要困难是什么，最需要哪些方面技术支持？（多选题）（　　）

A. 棉花优良品种选择　　B. 棉花打顶修剪管理技术

C. 棉花栽培中的施肥技术　　D. 滴灌节水灌溉技术

E. 病虫害防治技术　　F. 采棉工的供应

G. 采棉机农机作业服务　　H. 优质棉花物资统一供应

I. 棉花采收后检验标准测定技术　　J. 棉花采摘后的贮存技术

K. 机械采棉品种棉花栽培管理技术　　L. 其他：________

37. 家里人有没有接受过棉花种植管理技术培训？（　　）

A. 没有　　B. 有，参加过________次

38. 您是否愿意和别人联合起来大规模种植棉花？（　　）

A. 愿意　　B. 不愿意

39. 如果上题为愿意，那么您愿意以什么方式与别人的棉花地连成一片种植？（　　）

A. 棉花地转租给别人，收租金，每亩大概________元租金合适

B. 不租给别人，大家统一经营，最后根据棉花地面积大小，分配棉花产量

40. 如果愿意统一经营，那么您希望由谁统一组织管理棉花生产？（　　）

A. 大家协商种植

B. 村干部带头管理

C. 由信誉好的可以签订订单的棉纺企业带头管理

D. 由农业科研院校指导管理

E. 农业合作社

F. 种棉大户带头管理

G. 其他人：________________

41. 家里有没有获得过银行贷款？（　　）

A. 获得过中国农业银行贷款　　B. 获得过农村信用社贷款

C. 获得过小额贷款　　E. 没有获得贷款

42. 去年从国家领了________元棉花种植补贴，其中，棉花良种补贴________元/亩，棉花精量播种机购置补贴________元，其他棉花补贴（名称：________；补了________元）。

参考文献

［1］ A. N. Wiredu， K. O. Gyasi， K. A. Marfo， S. Asuming – Brempong， J. Haleegoah， A. Asuming – Boakye and B. F. Nsiah. Impact of Improved Varieties on the Yield of Rice Producing Households in Ghana ［C］. Second Africa Rice Congress ： Innovation and Partnerships to Realize Africa's Rice Potential， Bamako， Mali， 2010 （3）： 22 –26.

［2］ Adekambi， Souléïmane Adéyèmi， Aliou Diagne， Franklin Peter Simtowe， and Gauthier Biaou. The Impact of Agricultural Technology Adoption on Poverty： The case of NERICA rice varieties in Benin ［C］. Paper presented at the International Association of Agricultural Economists' 2009 Conference， Beijing， China， 2009 （8）： 16 –22.

［3］ Adoption of Maize and Cassava Production Technologies in the Forest – Savannah Zone of Cameroon： Implictions for Povertu Reduction ［J］. Word Applied Science， 2010， 11 （2）： 196 –209.

［4］ Aigner， D. j. ， C. A. K. Lovell， and P. Schmidt. Formulation and Estimation of Stochastic Frontier Production Function Models ［J］. Journal of Econometrics， 1977 （6）： 21 –37.

［5］ Akhter Ali， Awudu Abdulai. The Adoption of Genetically Modified Cotton and Poverty Reduction in Pakistan [J]. Journal of Agricultural Economics, 2010 (1): 175 - 192.

[6] Ali, Akhter and Awudu Abdulai. The Adoption of Genetically Modified Cotton and Poverty Reduction in Pakistan [J]. Journal of Agricultural Economics, 2010 (1): 175 - 192.

[7] Arjunan Subramanian, Matin Qaim. Village - wide Effects of Agricultural Biotechnology: The Case of Bt Cotton in India [J]. Journal of World Development, 2009 (1): 256 - 267.

[8] Battese, G. E. and Coelli, T. J. A Model for Technical Inefficiency Effects in a Stochastic Frontier Production Function for Panel Data [J]. Empirical Economics, 1995 (20): 325 - 332.

[9] Becerril, J. and Abdulai, A. The Impact of Improved Maize Varieties on Poverty in Mexico: A Propensity Score Marching Approach [J]. World Development, 2009 (7): 1024 - 1035.

[10] Caswell, Margriet F. and Zilberman, David. The Choices of Irrigation Technologys in California [J]. American Journal of Agricultural Economics, 1985 (5): 223 - 234.

[11] Caswell, Margriet F. and Zilberman, David. The Effects of Well Depth and Land Quality on the Choice of Irrigation Technology [J]. American Journal of Agricultural Economics, 1986 (11): 798 - 811.

[12] D. D. Karanjaa, M. Renkow, E. W. Crawford. Welfare Effects of Maize Technologies in Marginal and High Potential Regions of Kenya [J]. Agricultural Economics, 2003 (3): 331 - 341.

[13] de Janvry, A. and Sadoulet, E. World Poverty and the Role of Agricultural Technology: Direct and Indirect Effects [J]. Journal of Development Studies, 2002, 38 (4): 1 - 26.

[14] Dehejia R. S., Wahba. Causal Effects in Nonexperimental Studies: Reevaluating the Evaluation of Training Programs [J]. A merican Statistical Association, 1999, 94 (8): 1053-1062.

[15] Dehejia R. S., Wahba. Propensity Score-matching Methods for Nonexperimental Causal Studies [J]. Review of Economics and Statistics, 2002, 84 (1): 151-161.

[16] Dinar, Arial and Yaron, Dan: Adoption and Abandonment of Irrigation Technologies [J]. Agricultural Economics, 1992 (4): 315-332.

[17] Evenson R. and Gollin, D. Assessing the impact of the green revolution: 1960 to 2000 [J]. Science, 2003, 300 (2): 758-762.

[18] Fan Jianqing and Tao Huang. Profile Likelihood Inferences on Semiparametric Varying-coefficient Partially Linear Models [J]. Journal of Bernoulli, 2005, 11 (6): 1031-1057.

[19] Fan, S. and Pardey, P. Research Productivity and Output Growth in Chinese Agriculture [J]. Journal of Development Economics, 1997, 53 (1): 115-137.

[20] Fan, S. and Philip G. Pardey. Role of Inputs, Institutions, and Technical Innovations in Stimulating Growth in Chinese Agriculture [D]. Discussion Paper, IFPRI, Washington DC., 1995.

[21] Fan, S. Effects of Technological Change and Institutional Reform on Production Growth in Chinese Agriculture [J]. American Journal of Agricultural Economics, 1991, 73 (2): 266-275.

[22] Farrell M. The Measurement of Productivity Efficiency [J]. Journal of the Royal Statistical Society A, 1957 (120): 253-281.

[23] Feder G., Umali D. The Adoption of Agricultural Innovations: A Review [J]. Technological Forecasting and Social Change, 1993 (43): 215-239.

[24] Franklin Simtowe, Franklin Simtowe, Solomon Asfaw, Bekele Shiferaw,

Emmanuel Monyo, Moses Siambi. Welfare Effects of Agricultural Technology Adoption: The Case of Improved Groundnut Varieties in Rural Malawi [C] . the International Association of Agricultural Economists (IAAE) Triennial Conference, Foz do Iguaçu, Brazil, 2012 (8): 18 -24.

[25] Germano Mwabu, Wilfred Mwangi, Hezron Nyangito. Does Adoption of Improved Maize Varieties Reduce Poverty? Evidence From Kenya [C] . Poster paper prepared for presentation at the International Association of Agricultural Economists Conference, Gold Coast, Australia, 2006 (8): 12 -18.

[26] Green, Gareth and Sunding, David and Zilberman, David. Explaining Irrigation Technology Choices: A Microparameter Approach [J] . American Journal of Agricultural Economics, 1996 (11): 1064 -1072.

[27] Griliches Zvi. Hybrid Corn : An Exploration in the Economics of Technological change [J] . Econometrica, 1957 (25): 501 -552.

[28] Hayami, Y. , Ruttan. V. W. Agricultural Development: An International Perspective [M] . Baltimore: The Johns Hopkins University Press. USA, 1985.

[29] Heckman J. , Ichimura H. , Smith J. , Todd P. Characterizing Selection Bias using Experimental Data [J] . Econometrica, 1998, 66 (5): 1017 -1098.

[30] Heckman J. , Ichimura H. , Todd P. Matching as an Econometric Evaluation Estimator: Evidence from Evaluating a Job Training Program [J] . Review of Economic Studies, 1997 (64): 605 -654.

[31] Heckman, J. , Navarro -Lozano, S. Using Matching, Instrumental Variables and Control Functions to Estimate Economic Choice Models [J] . The Review of Economics and Statistics, 2004 (86): 7 -14.

[32] Hina Nazli, David Orden, Rakhal Sarker, Karl Meilke. Bt Cotton Adoption and Wellbeing of Farmers in Pakistan [C] . Selected Paper prepared for presentation at the International Association of Agricultural Economists (IAAE) Triennial Con-

ference, Foz do Iguaçu, Brazil, 2012 (8): 18 –24.

[33] Hossain, M. Bose, M. L. and Mustafi, B. A. A. Adoption and Productivity Impact of Modern Rice Varieties in Bangladesh [J]. Developing Economies, 2006, 64 (2): 149 –166.

[34] Huang J., Rozelle S. Technological Change: Rediscovering the Engine of Productivity Growth in China's Rural Economy [J]. Journal of Development Economics, 1996, 49 (2): 337 –69.

[35] Kassie, Menale, Bekele Shiferaw and Geoffrey Muricho. Adoption and Impact of Improved Groundnut Varieties on Rural Poverty: Evidence from Rural Uganda [J]. Environment for Development, 2010 (9): 1 –11.

[36] Khan, H. A. and E. Thorbecke. Macroeconomic Effects and Diffusion of Alternative Technologies within a Social Accounting Matrix Framework: The Case of Indonesia [Z]. Gower Publication, Co., Aldershot, U. K., 1988.

[37] Kijima, Y., Otsuka, K. and Sserunkuuma, D. Assessing the Impact of NERICA on Income and Poverty in Central and Western Uganda [J]. Agricultural Economics, 2008 (3): 327 –337.

[38] Kumbhakar, S. C., Guckin, J. T. and Ghosh, S. A Generalized Production Frontiers Approach for Estimating Determinants of Inefficiency in U. S. Dairy Farm [J]. Journal of Business and Economic Statistics, 1991 (9): 279 –286.

[39] Mahabub Hossain, Manik L. Bose, and Bazlul A. A. Mustafi. Adoption and Productivity Impact of Modern Rice Varieties in Bangladesh [J]. The Developing Economies, 2006 (2): 149 –166.

[40] Manfred Zeller, Aliou Diagne, Charles Mataya. Market Access by Smallholder Farmers in Malawi: Implications for Technology Adoption, Agricultural Productivity and Crop Income [J]. Agricultural Economics, 1998 (1): 219 –229.

[41] Mendola, M. Agricultural Technology Adoption and Poverty Reduction: A

Propensity Score Matching Analysis for Rural Bangladesh [J]. Food Policy, 2007, 32 (3): 372 -93.

[42] Pandey S., Khiem N., T. Thien. Market Access, Food Security and Upland Rice: Some Microeconomic Evidences from Northern Mountainous Regions of Vietnam [R]. Paper Presented at the Annual Conferenc of the Australia Agricultural Economics Association, Canberra, 2002.

[43] Pepijn Schreinemachersa, Thomas Berger, Jens B. Aune. Simulating Soil Fertility and Poverty Dynamics in Uganda: A Bio - economic Mmulti - agent Systems Approach [J]. Ecological economics, 2007, 64 (2): 387 -401.

[44] Pitt, M. M. and Lee, L. F. Measurement and Sources of Technical Inefficiency in the Indonesian Weaving Industry [J]. Journal of Development Economics, 1987 (9): 43 -64.

[45] Reifschneider, D. and Stevenson, R. Systematic Departures from the Frontier: A Framework for the Analysis of Firm Inefficiency [J]. International Economic Review, 1991 (32): 715 -723.

[46] Renkow, M. Differential Technology Adoption and Income Distribution in Pakistan: Implications for Research Resource Allocation [J]. Am J. Agric Econ, 1993, 75 (1): 33 -43.

[47] Rosenbaum P. D., Rubin. Constructing a Control Group using Multivariate Matched Sampling Methods that Incorporate the Propensity [J]. American Statistician, 1985, 39 (1): 33 -38.

[48] Rosenbaum, P. R. and D. B. Rubin. The Central Role of the Propensity Score in Observational Studies for Casual Effects [J]. Biometrika, 1983, 70 (1): 41 -55.

[49] Rosenbaum, P. R. and D. B. Rubin. Constructing a Control Group using Multivariate Matched Sampling Methods that Incorporate the Propensity Score [J]. The

American Statistician, 1985, 39 (1): 33 -38.

[50] Rubin, D. B. and N. Thomas. Matching using Estimated Propensity Scores: Relating Theory to Practice [J] . Biometrics, 1996, 52 (1): 249 -264.

[51] Saha A., Love H. A., R. Schwart. Adoption of Emerging Technologies under Output Uncertainty [J] . American Journal of Agricultural Economics, 1994, 76 (4): 836 -846.

[52] Sanzidur Rahman. Impact of Technological Change on Income Distribution and Poverty in Bangladesh Agriculture: An Empirical Analysis [J] . Journal of International Development, 1999, 11 (7): 935 -955.

[53] Schuck Eric C., Frasier W. Marshall, Webb Robert S., Ellingson, Lindsey J. and Umberger, Wendy J. Adoption of More Technically Efficient Irrigation System as a Drought Response [J] . Water Resource Developmemt, 2005 (120): 651 -662.

[54] Sianesi, B. An Evaluation of the Active Labour Market Programmes in Sweden [J] . The Review of Economics and Statistics, 2004, 86 (1): 133 -155.

[55] Smith J., Todd P. Does Matching Overcome LaLonde's Critique of Non - experimental Estimators? [J] . Journal of Econometrics, 2005, 125 (1 -2): 205 - 353.

[56] Solomon Asfaw, Menale Kassie, Franklin Simtowe, Leslie Lipper. Poverty Reduction Effects of Agricultural Technology: A Micro - evidence from Tanzania [J]. The Journal of Development Studies, 2012, 48 (9): 1288 -1305.

[57] Tsegaye Mulugeta, Bekele Hundie. Impacts of Adoption of Improved Wheat Technologies on Households' Food Consumption in Southeastern Ethiopia [J] . Selected Poster prepared for presentation at the International Association of Agricultural Economists (IAAE) Triennial Conference, Foz do Iguaçu, Brazil, 2012 (8): 18 -24.

[58] Wu, H., Ding, S., Pandey, S. and Tao, D. Assessing the Impact of Agricultural Technology Adoption on Farmers' Well - being using Propensity Score

Matching Analysis in Rural China [J]. Asian Economic Journal, 2010, 24 (2): 141 - 160.

[59] Wu, Haitao, Shijun Ding, Sushil Pandey and Dayun Tao. 2010. Assessing the Impact of Agricultural Technology Adoption on Farmers' Well - being Using Propensity - Score Matching Analysis in Rural China [J]. Asian Economic Journal, 2010, 24 (2): 141 - 160.

[60] Yuko Nakano, Kei Kajisa. How does the Adoption of Modern Variety increase Productivity and Income? A Case of the Rice Sector in Tanzania [C]. Association's 2012 AAEA Annual Meeting, Seattle, Washington, 2012 (8): 12 - 14.

[61] Yunhua Liu, Xiaobing Wang. Technological Progress and Chinese Agricultural Growth In The 1990s [J]. China Economic Review, 2005 (16): 419 - 440.

[62] 曹暕，孙顶强，谭向勇．农户奶牛生产技术效率及影响因素分析[J]．中国农村经济，2005 (10): 42 - 48.

[63] 陈玉萍，吴海涛，陶大云等．基于倾向得分匹配法分析农业技术采用对农户收入的影响——以滇西南农户改良陆稻技术采用为例[J]．中国农业科学，2010 (17): 3667 - 3676.

[64] 葛继红，周曙东，朱红根，殷广德．农户采用环境友好型技术行为研究——以配方施肥技术为例[J]．农业技术经济，2010 (9): 57 - 63.

[65] 韩洪云，赵连阁．农户灌溉技术选择行为的经济分析[J]．中国农村经济，2000 (11): 70 - 74.

[66] 韩青，谭向勇．农户灌溉技术采用的影响因素分析[J]．中国农村经济，2004 (1): 63 - 69.

[67] 胡少华，邱斌．棉花产出增长中的政策、制度、技术与区域因素[J]．中国农村经济，2004 (36): 54 - 58.

[68] 黄季焜，齐亮，陈瑞剑．技术信息知识、风险偏好与农民施用农药[J]．管理世界，2008 (5): 71 - 76.

［69］黄耀辉．我国棉花生产率之研究［J］．农业技术经济，1990（3）：11－14.

［70］霍学喜，王静，朱玉春．技术选择对苹果种植户生产收入变动影响——以陕西洛川苹果种植户为例［J］．农业技术经济，2011（6）：12－21.

［71］霍学喜，侯建昀．中国苹果生产技术效率与要素产出弹性分析——以陕西、山西、甘肃10个苹果重点县苹果种植户为例［J］．西北农林科技大学学报（社会科学版），2012（11）：75－80.

［72］孔祥智，方松海，庞晓鹏等．西部地区农户禀赋对农业技术采纳的影响分析［J］．经济研究，2004（12）：85－95.

［73］李大胜，李琴．农业技术进步对农户收入差距的影响机理及实证研究［J］．农业技术经济，2007（3）：7－14.

［74］李谷成，冯中朝，占绍文．家庭禀赋对农户家庭经营技术效率的影响冲击——基于湖北省农户的随机前沿生产函数实证［J］．统计研究，2008（1）：35－42.

［75］李艳，陈晓红．农业节水灌溉的博弈分析［J］．灌溉排水学报，2005（6）：19－22.

［76］林毅夫．制度、技术与中国农业发展［M］．上海：上海三联书店，上海人民出版社，1994.

［77］林毅夫，潘士远，刘明兴．技术选择、制度与经济发展［J］．经济学（季刊），2006（3）：695－713.

［78］刘进宝，刘洪．农业技术进步与农民农业收入增长弱相关性分析［J］．中国农村经济，2004（9）：7－14.

［79］刘七军，李昭楠．不同规模农户生产技术效率及灌溉用水效率差异研究——基于内陆干旱区农户微观调查数据［J］．中国生态农业学报，2012（10）：1375－1381.

［80］刘延风．宏观技术需求与农户技术采用的差异及纠正［J］．农业技术

经济，1996（2）：16－19.

［81］罗小锋．农户采用节约耕地型与节约劳动型技术的差异［J］．中国人口·资源与环境，2011（4）：132－138.

［82］满明俊，周民良，李同昇．农户采用不同属性技术行为的差异分析——基于陕西、甘肃、宁夏的调查［J］．中国农村经济，2010（2）：68－78.

［83］苏岳静，胡瑞法，黄季焜，范存会．农民抗虫棉技术选择行为及其影响因素分析［J］．棉花学报，2004（5）：259－264.

［84］谭淑豪，Nico Heerink，曲福田．土地细碎化对中国东南部水稻小农户技术效率的影响［J］．中国农业科学，2006（12）：2467－2473.

［85］谭砚文，凌远云，李崇光．我国棉花技术进步贡献率的测度与分析［J］．农业现代化研究，2002（5）：44－46.

［86］唐博文，罗小锋，秦军．农户采用不同属性技术的影响因素分析——基于9省（区）2110户农户的调查［J］．中国农村经济，2010（6）：49－57.

［87］田伟，李明贤，谭朵朵．基于SFA的中国棉花生产技术效率分析［J］．农业技术经济，2010（2）：69－75.

［88］田伟，谭朵朵．中国棉花TFP增长率的波动与地区差异分析——基于随机前沿分析方法［J］．农业技术经济，2011（5）：110－118.

［89］汪三贵，刘晓展．信息不完备条件下贫困农民接受新技术行为分析［J］．农业经济问题，1996（12）：32－36.

［90］王志刚，王磊，阮刘青，廖西元．农户采用水稻轻简栽培技术的行为分析［J］．农业技术经济，2007（3）：102－107.

［91］温思美，苏基才，江华．我国农业物质投入要素的相对稀缺性分析［J］．农业技术经济，1995（3）：34－44.

［92］温玉萍．影响我国棉花产出增长的要素及贡献率测度与分析北方经济［J］．2007（12）：17－19.

［93］吴敬学，杨巍，张扬．中国农户技术需求行为的经济机理分析［J］．

江西财经大学学报，2008（4）：50 –54.

［94］西奥多·舒尔茨．改造传统农业［M］．北京：商务印书馆，1987.

［95］徐爱武，黄萍．我国棉花产出增长的影响因素分析［J］．中国棉花，2010（9）：6 –8.

［96］于素花．农村社区水价变化对农业节水技术推广的影响［J］．农业技术经济，2001（6）：26 –29.

［97］袁开智，赵芝俊，张社梅．农业技术进步贡献率测算方法：回顾与评析［J］．技术经济，2008（2）：64 –69.

［98］张东辉，司志宾．教育、技术进步与农村收入差距——基于中国农村统计数据的分析［J］．经济评论，2007（5）：42 –46.

［99］张培刚，刘建洲．生产率与经济研究的一部开拓性著作［J］．经济研究，1994（1）：6.

［100］张社梅，赵芝俊．对中国农业技术进步贡献率测算方法的回顾及思考［J］．中国农学通报，2008（2）：498 –501.

［101］章上峰．时变弹性生产函数生产率分解公式及其政策含义［J］．数量经济技术经济研究，2011（7）：106 –120.

［102］赵敏娟，姚顺波．基于农户生产技术效率的退耕还林政策评价——黄土高原区 3 县的实证研究［J］．中国人口·资源与环境，2012（9）：135 –141.

［103］周波，于冷．农业技术应用对农户收入的影响——以江西跟踪观察农户为例［J］．中国农村经济，2011（1）：49 –57.

［104］朱希刚，张社梅，赵芝俊．我国棉花生产率变动分析［J］．农业经济问题，2007（4）：9 –13.

［105］朱希刚，赵绪福．贫困山区农业技术采用的决定因素分析［J］．农业技术经济，1995（5）：18 –21.

致　谢

值本书完成之际，衷心感谢我的恩师周应恒教授的悉心指导和谆谆教诲。本书能够顺利地完成，从立题到试验设计以及最后的论文撰写和修改都凝结了恩师的心血及智慧。导师渊博的学识、严谨的治学风格、实事求是的科学态度、兢兢业业的敬业精神和宽以待人的处世风范都令我非常敬佩，并将永远激励着我，我会牢记终生。在这里，谨向导师周应恒教授在学业和生活中给予我的指导、帮助和关爱表示最诚挚的感谢！

感谢南京农业大学经管学院的所有传播给我专业知识的优秀老师。在这个学术严谨和研究氛围浓厚的大环境中，他们促使我勤奋学习，不断进步。非常感谢钟甫宁教授、胡浩教授、林光华副教授、于晓华教授对我论文的指导和给予的宝贵修改建议。还有亲切的应瑞瑶教授，每次遇到他时，他热心的关心和鼓励，对我关键点拨都激励着我努力完成本书。

感谢可爱的周师门杂货铺。在这个平台上，留下了太多的回忆，积淀了大量的知识。亲爱的师弟、师妹们，谢谢你们对我的厚爱和鼓励。在此，特别要感谢耿献辉老师和严斌剑老师对本书框架的再三修改、对计量经济研究部分知识手把手的耐心传授以及对我博士生活的关心与帮助。十分感谢张晓恒、张宇青师弟在本书进展最为困难的时候，给予我的极大帮助。感谢我最亲密的朋友——尹燕老师对我生活和学习上无微不至的关照。

感谢我的好友袁凌云、杨永春和吴伟伟。这三年同甘共苦、互相鼓励，你们的友情、肯定和对我的帮助，总是令我感动，谢谢你们给予我的大力支持与协助！

特别要感谢我的父母和我的爱人这些年来在精神和生活上给予我的全力支持及无私关爱，在此祝愿他们身体健康、平安幸福！感谢我可爱的宝贝高梓杰小朋友两年来的陪伴，他的成长带给我太多的惊喜和快乐，是我按时完成本书的强大精神支柱。

另外，还要感谢国家自然科学基金课题“基于生产要素配置视角的中国棉花生产增长路径选择研究”（71203191）对本论文的资助。

最后，谨向所有关心和帮助过我的老师、同学、亲友们致以最诚挚的谢意和最美好的祝福！

宋玉兰

江苏南京

2013 年 6 月